COURS COMPLET DE GÉOGRAPHIE

A L'USAGE

DES LYCÉES ET DES COLLÉGES

GÉOGRAPHIE

GÉNÉRALE

DE L'ASIE, DE L'AFRIQUE

DE L'AMÉRIQUE ET DE L'OCÉANIE

OUVRAGE

Rédigé conformément aux programmes de 1872

POUR LA CLASSE DE SIXIÈME

PAR

E. CORTAMBERT

Président de la Commission centrale de la Société de géographie
Bibliothécaire de la Section géographique de la Bibliothèque nationale.

EDITION CONTENANT **25** GRAVURES INTERCALÉES DANS LE TEXTE

PARIS

LIBRAIRIE HACHETTE ET CIE

79, BOULEVARD SAINT-GERMAIN, 79

1873

GÉOGRAPHIE

GÉNÉRALE

DE L'ASIE, DE L'AFRIQUE

DE L'AMÉRIQUE ET DE L'OCÉANIE

OUVRAGES DE M. CORTAMBERT

PARIS. — IMPRIMERIE DE E. MARTINET, RUE MIGNON, 2.

GÉOGRAPHIE

GÉNÉRALE

DE L'ASIE, DE L'AFRIQUE

DE L'AMÉRIQUE ET DE L'OCÉANIE

OUVRAGE

Rédigé conformément aux programmes de 1872

POUR LA CLASSE DE SIXIÈME

PAR

E. CORTAMBERT

Président de la Commission centrale de la Société de géographie
Bibliothécaire de la Section géographique de la Bibliothèque nationale.

ÉDITION CONTENANT 25 GRAVURES INTERCALÉES DANS LE TEXTE

PARIS

LIBRAIRIE HACHETTE ET Cⁱᵉ

79, BOULEVARD SAINT-GERMAIN, 79

1873

TABLE DES MATIÈRES

GÉOGRAPHIE

GÉNÉRALE

DE L'ASIE, DE L'AFRIQUE

DE L'AMÉRIQUE ET DE L'OCÉANIE

RÉVISION DES NOTIONS GÉNÉRALES

OBJET DE LA GÉOGRAPHIE. — CE QU'ON ENTEND PAR GÉOGRAPHIE PHYSIQUE ET PAR GÉOGRAPHIE POLITIQUE.

Objet de la géographie. — La géographie a pour objet la description de la Terre, c'est-à-dire de la demeure et de la propriété commune de l'humanité ; or, il nous importe éminemment de bien connaître notre demeure, de savoir d'où viennent les productions propres aux usages des hommes, par quelles voies on peut les faire parvenir jusqu'à nous, comment nous pouvons, à notre tour, les faire passer chez les autres peuples ; quels sont enfin les rapports que nos besoins nous forcent d'établir avec les divers habitants de la Terre. Tout cela est enseigné par la géographie.

La géographie est encore un guide indispensable pour l'histoire, la politique et la guerre.

Elle est, de plus, comme une espèce de voyage agréable sur tout le globe ; elle offre le panorama pittoresque et curieux de la surface terrestre ; elle nous en fait passer sous les yeux les aspects si variés, les accidents naturels si nombreux, et nous montre en même temps les monuments ingénieux des hommes, les physionomies et les mœurs des nations ; enfin, en nous faisant connaître les beautés de la nature, les précieuses richesses que Dieu a prodiguées de toutes parts, elle nous apprend à admirer et à aimer davantage le Créateur de tant de choses.

En résumé, la géographie a trois grandes propriétés, qui lui assignent un des premiers rangs dans les connaissances humaines : ces propriétés sont d'*être utile*, par son côté commercial, industriel, historique et politique ; d'*être agréable*, comme une espèce de voyage ou de panorama général ; enfin d'*être morale et religieuse*, par les sentiments qu'elle nous inspire pour Dieu.

Ce qu'on entend par géographie physique et par géographie politique. — La *géographie physique* décrit tout ce que la *nature* a produit sur la Terre, c'est-à-dire les divisions naturelles de la surface du globe, la configuration et la composition du sol, les eaux, les productions, le climat. Il s'y rattache la *géographie cosmographique*, qui traite des rapports de la Terre avec le reste de l'Univers.

La *géographie politique* embrasse les divisions que les *hommes* ont établies, les habitations qu'ils ont fondées, les relations que les divers peuples ont entre eux, leur commerce, leur industrie, leur condition civile et religieuse. A la géographie politique se rattache la *géographie historique*, qui expose les changements d'étendue et de noms qu'ont éprouvés les pays dans le cours des siècles.

COSMOGRAPHIE ÉLÉMENTAIRE.

Forme et mouvement de la Terre, cercles géographiques. — La Terre est ronde ; sa circonférence est divisée en 360 *degrés;* le degré comprend 60 *minutes*, et la minute 60 *secondes* [1].

1. On désigne les degrés par ce signe °, les minutes par celui-ci ', et les secondes ainsi ".

Elle tourne sur elle-même dans l'espace de vingt-quatre heures. On appelle *axe* la ligne imaginaire sur laquelle se fait ce mouvement; les *pôles* sont les extrémités de cet axe; l'*équateur* est un cercle qui, placé à égale distance des deux pôles, coupe le globe en deux *hémisphères*.

Les *méridiens* sont des cercles perpendiculaires à l'équateur et passant tous par les pôles.

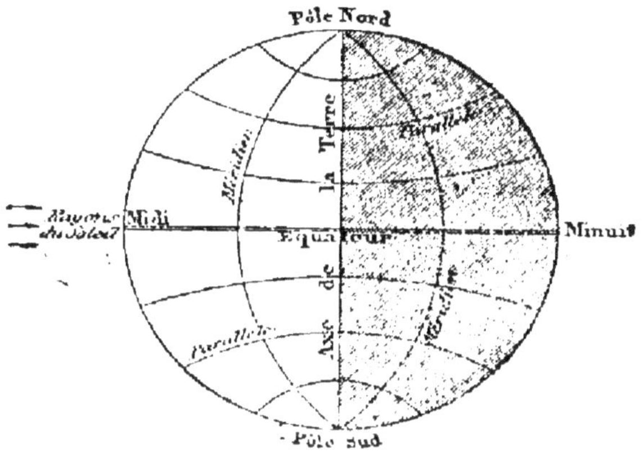

Pôles. — Équateur. — Méridiens. — Parallèles.

Les *parallèles* sont des cercles parallèles à l'équateur; parmi ces cercles, on remarque les *tropiques du Cancer* et du *Capricorne*, à 23 degrés 1/2 de l'équateur, et les *cercles polaires arctique* et *antarctique*, à 23 degrés 1/2 des pôles.

Horizon, points cardinaux, zones. — L'*horizon* est un cercle dont la circonférence est la limite naturelle de notre vue autour de nous.

Il y a sur l'horizon quatre *points cardinaux* : 1° le *nord* ou *septentrion*, qui est aussi appelé point *boréal;* 2° le *sud* ou *midi*, qui se nomme aussi point *austral* ou *méridional;* 3° l'*est*, *levant* ou *orient;* 4° l'*ouest*, *couchant* ou *occident*.

— On compte ensuite quatre *points collatéraux* : le *nord-est*, le *nord-ouest*, le *sud-est* et le *sud-ouest*.

Il se trouve, entre les points précédents, des points *intermédiaires*, dont les principaux sont : le *nord-nord-est*, le *nord-nord-ouest*, l'*est-nord-est*, l'*ouest-nord-ouest*, le *sud-*

sud-est, le *sud-sud-ouest*, l'*est-sud-est*, et l'*ouest-sud-ouest*[1].

Rose des vents.

Il y a cinq *zones*, établies d'après les principales températures qui règnent sur le globe : la *zone torride*, entre les deux

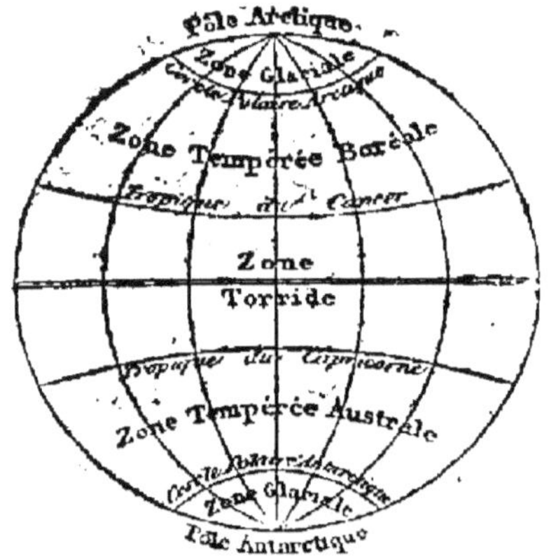

Zones. — Tropiques.

tropiques ; les deux *zones tempérées boréale* et *australe*, entre les tropiques et les cercles polaires ; les *zones glaciales arctique* et *antarctique*, autour des pôles.

1. On abrége les noms de *nord, sud, est, ouest*, en écrivant N., S., E., O.

Latitude, longitude. — La *latitude* est la dimension
du globe du nord au sud ; elle est coupée par l'équateur en

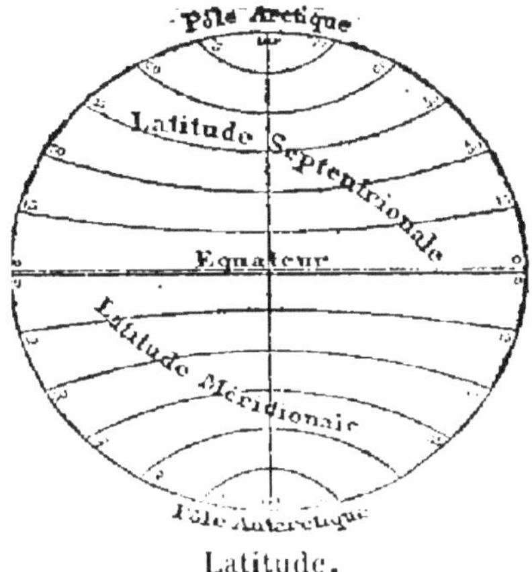

Latitude.

deux parties, dont chacune a 90 degrés ; on distingue donc
une *latitude* N. et une *latitude* S. — La *longitude* est la
dimension du globe de l'ouest à l'est ; elle est coupée par un
premier méridien en deux parties, dont chacune comprend

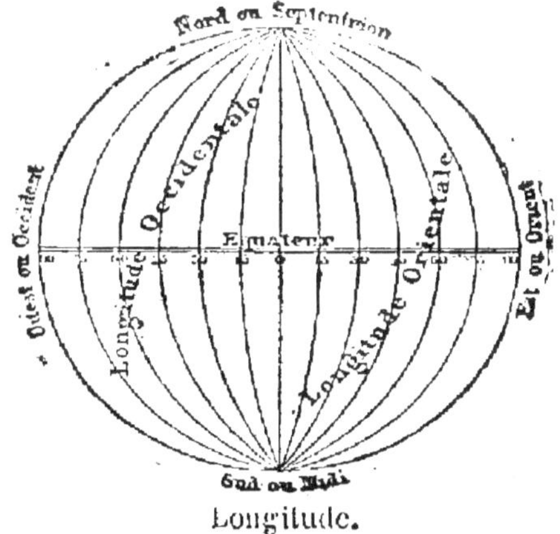

Longitude.

180 degrés ; il y a par conséquent une *longitude* E. et une
longitude O. On n'est pas d'accord sur le choix du premier
méridien ; les Français comptent la longitude à partir du méridien de l'Observatoire de Paris ; les Anglais font passer leur
premier méridien par Greenwich, à 20° 20' à l'O. de Paris ;
d'autres nations, à l'île de Fer, 20° à l'O. de Paris.

Saisons. — Les zones tempérées n'ont pas, toute l'année, une température modérée : elles sont soumises à de grandes variations de température qu'on nomme *saisons*.

Pour comprendre la cause de ces variations de température, qu'on se représente la route ou orbite que la Terre parcourt en tournant autour du Soleil. Si l'axe était perpendiculaire sur cette orbite, de manière que l'équateur fût toujours exposé précisément aux rayons du Soleil, il n'y aurait pas plusieurs saisons, car on ne serait pas tourné vers cet astre plus directement à une certaine époque qu'à une autre ; les diverses contrées du globe auraient constamment une même température, les jours et les nuits seraient partout d'une égale durée.

Mais l'axe est incliné sur l'orbite de la Terre, et il en résulte que l'hémisphère boréal et l'hémisphère austral sont tantôt dirigés vers le globe lumineux, tantôt peu exposés à ses rayons : ils ont donc tour à tour des jours plus longs et plus courts, une température plus chaude et plus froide. Ainsi, quand l'hémisphère boréal est tourné vers le Soleil, il a une lumière plus abondante, une chaleur plus forte, des jours plus longs et des nuits plus courtes que l'hémisphère austral ; celui-ci jouit ensuite à son tour des mêmes avantages.

Les deux hémisphères ont une température également modérée lorsqu'ils passent de l'un de ces extrêmes à l'autre, c'est-à-dire lorsque le Soleil darde verticalement ses rayons sur l'équateur. Ces moments de transition sont appelés *équinoxes*, parce que les jours et les nuits sont alors égaux par toute la Terre, les deux hémisphères recevant autant de lumière l'un que l'autre : cela arrive le 20 ou 21 mars et le 22 ou 23 septembre.

Lorsque l'hémisphère boréal est le plus incliné vers le Soleil, les rayons de celui-ci tombent perpendiculairement sur le tropique du Cancer. Lorsqu'à son tour l'hémisphère austral est le plus directement exposé vers le Soleil, ce dernier est placé verticalement sur le tropique du Capricorne. Ces deux époques se nomment *solstices*, et se trouvent au 21 ou 22 juin et au 22 ou 23 décembre.

Le *printemps* est une saison généralement tempérée, qui,

pour nous, habitants du Nord, commence à l'équinoxe de mars, et finit au solstice de juin ; l'*été*, la plus chaude des saisons de l'année, est compris entre ce solstice et l'équinoxe de septembre ; l'*automne*, dont la température est modérée, s'étend depuis l'équinoxe de septembre jusqu'au solstice de décembre ; enfin l'*hiver*, la plus froide saison, est renfermé entre ce dernier solstice et l'équinoxe de mars.

Orbite de la Terre autour du Soleil. — Les saisons.

Il semble d'abord que le printemps devrait être aussi chaud que l'été, puisque, dans ces deux saisons, les jours sont exactement de la même longueur : l'une est comprise, en effet, entre un équinoxe et un solstice ; l'autre, entre un solstice et un équinoxe. Mais, pendant le printemps, le sol se ressent encore du froid qu'a laissé l'hiver ; quand l'été arrive, la nature est déjà réchauffée, et l'on jouit alors tout à la fois de la chaleur acquise pendant le printemps et de celle que le Soleil d'été procure immédiatement.

Il semble, d'un autre côté, que l'automne ne devrait pas être moins froid que l'hiver, puisqu'il a des jours tout aussi courts : il est renfermé, en effet, entre un équinoxe et un solstice, et l'hiver s'étend d'un solstice à un équinoxe. Mais, en automne, le sol conserve encore pendant quelque temps une partie de la chaleur acquise durant l'été ; cette chaleur se dissipe peu à peu, et, quand l'hiver arrive, le sol est déjà tout refroidi.

Il y a sur le globe des régions où ces quatre grandes variations de la température n'existent pas : dans la zone torride, par exemple, on ne compte généralement que deux saisons : celle des *pluies* et celle de la *sécheresse*. Dans les zones glaciales, il y a dix ou onze mois d'un hiver rigoureux, et un ou deux mois d'un été assez chaud.

TERMES DE LA GÉOGRAPHIE PHYSIQUE ET DE LA GÉOGRAPHIE POLITIQUE.

Termes de la géographie physique. — Les plus grands espaces de terre sont des *continents*.

On appelle *contrée*, *région* ou *pays* une certaine étendue de terre présentant les mêmes caractères physiques, ou habitée par des hommes qui ont les mêmes lois, les mêmes usages, la même langue.

Les *îles* sont des espaces de terre entourés d'eau de toutes parts et bien moins grands que les continents. Les îles rapprochées les unes des autres composent des *groupes* et des *archipels*. On donne le nom d'*îlots* aux îles les plus petites. Des rochers dangereux pour la navigation forment des *écueils*, des *récifs*, des *brisants*.

Des espaces bas et sablonneux, fréquemment recouverts par les eaux, se nomment *bancs de sable*.

Les *presqu'îles* ou *péninsules* (anciennement *chersonèses*) sont des portions de terre entourées d'eau presque de tous côtés. — L'*isthme* est un espace étroit qui unit entre elles deux portions de terre, et qui, ordinairement, joint une presqu'île au continent.

Les *côtes* sont les bords des continents et des îles. Elles présentent souvent de petits avancements qui portent les noms de *promontoires*, de *caps* et de *pointes*. Les côtes escarpées sont des *falaises* ; les côtes qui descendent en mourant sont des *plages*, des *grèves*.

Les parties plates de la surface des terres s'appellent *plaines*. Les plaines arides et sablonneuses sont des *déserts* ;

les *oasis* sont de petits cantons fertiles au milieu de ces solitudes. On appelle *landes* les déserts peu étendus qu'on trouve dans quelques parties de l'Europe ; on donne à certains déserts le nom de *steppes* (surtout en Asie), et ceux de *savanes* et de *pampas* (en Amérique), quand ils sont couverts d'herbes.

Les hauteurs les plus considérables sont les *montagnes*; les plus petites forment les *collines*, les *monticules*, les *tertres*, les *buttes*, les *mornes*; les collines sablonneuses qui bordent fréquemment les côtes se nomment *dunes*.

Les montagnes sont généralement disposées par *chaînes* : à une chaîne principale se rattachent des *branches* et des *rameaux*; plusieurs chaînes réunies, et présentant du rapport entre elles dans leur constitution, forment des *groupes* : quand leur ensemble est très-considérable, elles constituent un *système* de montagnes.

Chaîne de montagnes. — Pyrénées.

Les *plateaux* sont des espaces élevés et plats. Il faut distinguer les plateaux *fermés*, c'est-à-dire ceux qui sont entourés d'un rebord non interrompu de hauteurs, et les plateaux *ouverts*, qui ne sont pas enveloppés de hauteurs, ou qui ne le sont qu'en partie.

Les *volcans* sont des montagnes qui vomissent des pierres

calcinées, des matières minérales fondues qu'on nomme *laves*, des flammes, de la fumée, divers gaz, des cendres, des sables, des graviers ou *pouzzolanes*, des fragments plus gros appelés *ponces* et *scories*, quelquefois de l'eau et de la boue. Le *cratère* est l'ouverture par laquelle sont lancés les corps que projette l'éruption volcanique. Les volcans sont comme les cheminées par où s'échappent les gaz du foyer ardent qui existe très-vraisemblablement dans l'intérieur de la Terre. — Les hauteurs volcaniques qui n'exhalent que des gaz se nomment *solfatares*.

Volcan. — Le Cotopaxi (dans les Cordillères).

Les *tremblements de terre* sont des phénomènes terribles dus sans doute aux gaz intérieurs qui cherchent une issue et qui brisent violemment le sol pour se créer un passage.

On nomme *cime* ou *sommet* le plus haut point d'une

montagne : tantôt les cimes sont élancées et forment des *aiguilles*, des *dents* et des *cornes;* tantôt elles sont coniques et prennent alors le nom de *pics*, de *puys* et de *pitons*. On donne le nom de *tours* ou de *cylindres* aux sommets qui ressemblent de loin à d'anciennes fortifications.

Les deux grandes faces d'une chaîne de montagnes s'appellent *flancs*, *pentes*, *revers* ou *versants ;* la partie la plus haute de la chaîne est le *faîte*, la *crête* ou l'*arête*. Les passages étroits dans les montagnes sont appelés *défilés*, *cols*, *pas* ou *gorges*, quelquefois *portes*, *pyles* ou *ports;* un défilé peut aussi être resserré entre une montagne et une masse d'eau. — La *ligne de partage des eaux* est cette partie de la chaîne qui sépare les eaux entraînées sur des versants opposés.

Les *vallées* et les *vallons* sont des espaces allongés qui sont renfermés entre deux montagnes ou deux chaînes de montagnes. L'*entrée* de la vallée en est l'extrémité la plus basse ; la *tête* est l'extrémité opposée et la plus haute de la vallée. — En beaucoup d'endroits, les montagnes les plus élevées et le haut des vallées environnantes sont couverts de neiges et de glaces perpétuelles, dont les amas sont appelés *glaciers*.

Les *grottes* ou *cavernes* sont des cavités souterraines qui ont été formées, les unes par l'action des gaz sortis de la Terre, les autres par l'action de l'eau. Les masses calcaires qu'y déposent les eaux s'appellent *stalactites* quands elles pendent de la voûte, et *stalagmites* si elles s'appuient sur le sol.

On nomme *altitude* l'élévation d'un point au-dessus du niveau de la mer.

La *mer* est la grande étendue d'eau salée qui couvre les deux tiers du globe. Sa partie principale s'appelle l'*océan*. En pénétrant dans les terres, l'océan produit les *mers proprement dites*, puis les *golfes*, les *baies* et les *anses*.

Les *ports* et les *havres* sont des espaces peu étendus qui s'avancent dans les terres, et qui, abrités contre les vents et les tempêtes, sont propres à servir d'asile aux navires.

Une *rade* est tantôt un enfoncement comparable à une petite baie, à une anse, tantôt un espace de mer placé devant un port, et qui, à l'abri de certains vents, permet aux bâtiments de rester à l'ancre.

Un *détroit* est un espace de mer resserré entre deux terres. On l'appelle quelquefois aussi *canal*, *pas*, *pertuis*.

Les amas d'eau considérables placés au milieu des terres sont des *lacs*. Il y en a d'assez grands pour s'appeler des *mers* ; telle est la mer *Caspienne*, au milieu de l'Ancien con   tine

Lac. — Lac d'Ianina (Turquie).

Sur la surface des mers et des lacs, les vents font naître des *ondes*, des *vagues*, des *lames* et des *flots*.

Les mers ont aussi des *courants* et des *marées*, dont nous parlerons plus loin.

Les amas d'eau peu profonds situés au milieu des terres sont des *marais*, dont l'eau croupissante répand presque toujours des exhalaisons malsaines.

Les *lagunes* sont des espèces de lacs placés près de la mer et formant comme des espèces de petits golfes qui ne communiquent avec la mer que par d'étroites entrées. On les appelle *étangs* dans le S. de la France.

Les eaux vives qui sortent de la terre sont des *sources* ou des *fontaines*.

Les plus petits cours d'eau portent le nom de *ruisseaux* ; les plus grands, celui de *fleuves*, s'ils se rendent directement à la mer ; les autres sont des *rivières*, qui se jettent ou dans des fleuves ou dans d'autres rivières. Si le cours d'eau qui va tomber directement dans la mer n'est pas considérable, on peut l'appeler aussi *rivière*.

Les *torrents* sont des cours d'eau rapides et momentanés que produit, dans les pays montagneux, une chute abondante de pluie ou une fonte de neige. On donne quelquefois ce nom à toute rivière impétueuse.

Un *confluent* est l'endroit où deux cours d'eau s'unissent.

Un cours d'eau se jette dans la mer par une *embouchure* ou par plusieurs *bouches* ; dans ce dernier cas, l'espace compris entre ses branches et la mer forme un *delta*, territoire ordinairement bas et fertile, produit par des *alluvions* du fleuve, c'est-à-dire par les dépôts qu'il a entraînés dans son cours.

Les *affluents* d'un cours d'eau sont les divers cours d'eau qu'il reçoit.

La *rive droite* d'un cours d'eau est la rive située à la droite d'une personne qui, placée sur le courant, regarde le point vers lequel elle se dirige. La *rive gauche* est à la gauche de cette personne. Les rives élevées sont des *berges* ; les rives basses sont des *grèves*.

Le *lit* d'un cours d'eau est le sol sur lequel il coule et où il est maintenu par les deux rives. Ce lit offre quelquefois de brusques inégalités, des précipices profonds, et l'eau tombe alors avec fracas, en formant des nappes majestueuses. Quand c'est une grande rivière qui se précipite ainsi, la chute prend le nom de *cataracte* ; quand c'est un ruisseau, elle s'appelle *cascade*. Un *rapide* est une chute peu considérable.

Le *bassin* d'un cours d'eau est tout le territoire dont les eaux viennent se rendre dans ce cours d'eau. La longue ceinture d'éminences qui sépare un bassin de ceux qui l'avoisinent est la *ligne de partage des eaux*.

Le *bassin* d'une mer est l'espace qui comprend, outre cette mer elle-même, l'ensemble de tous les territoires qui y versent leurs eaux. Le territoire qui verse ses eaux dans une mer constitue le *versant* de ce territoire vers cette mer.

Le nom de *canal*, qui s'applique, comme on l'a vu, à certains bras de mer, est donné plus fréquemment à une rivière artificielle, destinée ordinairement à faire communiquer ensemble deux cours d'eau et à faciliter la navigation. Quelquefois un canal sert à arroser un canton trop sec ; d'autres fois il favorise l'écoulement des eaux et assainit le pays.

Cascade dans les Pyrénées.

Un *étang* est un petit lac artificiel, produit par un ruisseau dont on arrête le cours au moyen d'une chaussée. Dans le sud de la France, nous l'avons déjà dit, on applique souvent aux lagunes la dénomination d'*étangs*.

Termes de la géographie politique. — Les hommes sentent le besoin de se réunir en *société*. Les sociétés les plus avancées en civilisation composent les *nations* ou les *peuples*.

Les réunions les moins civilisées forment les *peuplades*, les *tribus*, les *hordes*, les *familles* isolées.

Les peuplades qui s'occupent du *soin des troupeaux* prennent le nom de *nomades*. Celles qui se livrent à la pêche et ne vivent que de poissons, s'appellent *ichthyophages*.

Les nations civilisées ont pour habitations des *maisons*. Les maisons sont ordinairement réunies en groupes : les grands amas de maisons forment les *villes* et les *cités :* un *bourg* est moins considérable qu'une ville ; un *village* est moins important qu'un bourg : les plus petits groupes sont les *hameaux*.

Les peuplades n'ont souvent pour habitations que de misérables *huttes*, formées de branches et de feuillages ; quelquefois elles habitent dans les *cavernes ;* quelques-unes, enfin, s'abritent sous des *tentes* faites de peaux d'animaux ou d'étoffes grossières supportées par des pieux.

Chaque réunion d'hommes a besoin d'un *gouvernement* pour y maintenir l'ordre. Un *État* est un pays soumis à un même gouvernement. Beaucoup de peuples sont gouvernés par un seul chef, ou monarque, auquel on donne le titre de *roi* ou celui d'*empereur :* le gouvernement est alors une *monarchie*, et la contrée prend le nom de *royaume* ou celui d'*empire*.

Souvent une nation se gouverne elle-même, en nommant ceux qui la régissent, ou bien elle est dirigée par des familles ou plusieurs chefs qui se sont mis à la tête du pouvoir ; alors le gouvernement, ainsi que le pays, s'appelle *république*.

En France, une *commune* est une circonscription administrée par un maire et par un conseil municipal ; elle a pour chef-lieu soit un village, soit un bourg, soit une ville. Elle peut avoir dans sa dépendance plusieurs hameaux.

Un *canton* est une circonscription administrée, pour les affaires de justice, par un juge de paix et qui comprend plusieurs communes.

Un *arrondissement* est une circonscription administrée par un sous-préfet (excepté quand l'arrondissement a pour chef-lieu le chef-lieu même du département, alors c'est le préfet qui l'administre). Il comprend plusieurs cantons.

Un conseil d'arrondissement, élu par les habitants, participe à l'administration de l'arrondissement.

Un *département* est une circonscription administrée par un préfet et comprenant plusieurs arrondissements.

Un conseil général, élu par les électeurs de chaque canton, participe à l'administration du département.

CARTES GÉOGRAPHIQUES.

Pour représenter la Terre, on se sert de *globes artificiels* et de *cartes*.

La carte qui représente la Terre entière est la *mappemonde*

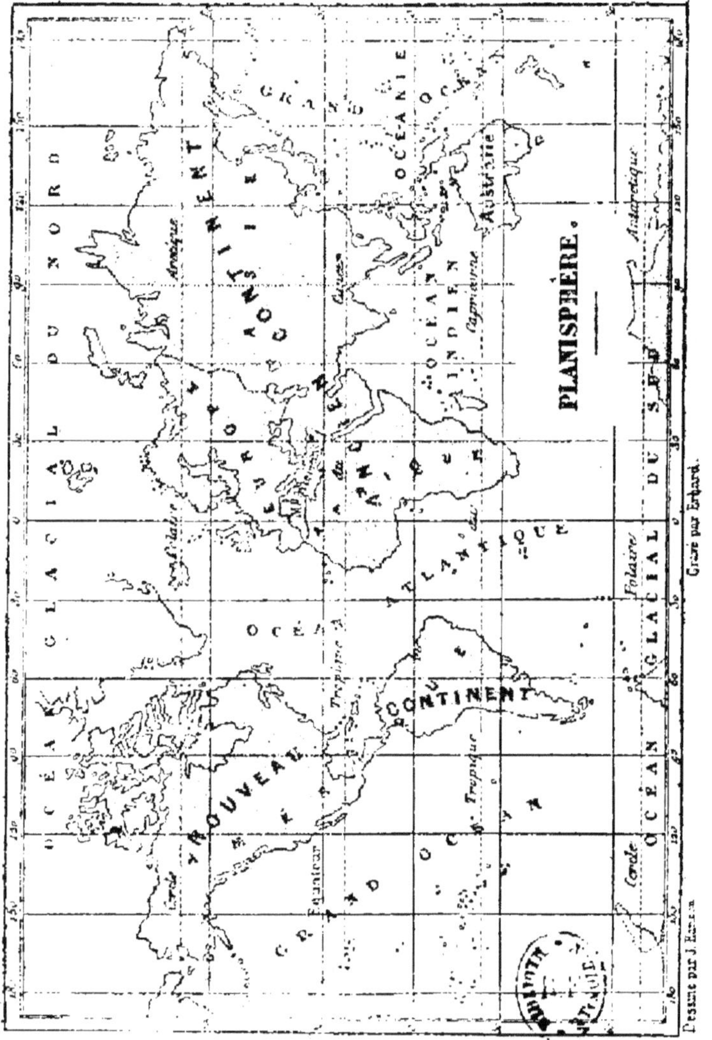

ou le *planisphère*. Tantôt elle en montre séparément les deux hémisphères, parce qu'il serait impossible de voir sur le papier le globe tout entier tel qu'il est naturellement, la moitié supérieure cacherait la moitié inférieure : c'est ce qu'on appelle proprement une mappemonde. Tantôt on ne cherche pas à rendre la rondeur de la Terre, mais on enlève en quelque sorte au globe sa surface, on la développe et on l'étend, aplatie, sur le papier; alors la carte est carrée, et l'on n'a pas besoin de faire deux hémisphères séparés : ce sont ces cartes qu'on désigne particulièrement par le nom de planisphères.

Les autres cartes sont appelées *générales*, si elles offrent une grande contrée dans son ensemble, et *particulières*, si elles décrivent seulement des parties d'une contrée principale. On appelle spécialement cartes *chorographiques* les cartes destinées à décrire une région peu étendue. On nomme cartes *topographiques* celles qui présentent des détails très-multipliés et jusqu'aux moindres lieux.

Les cartes *hydrographiques* ont pour objet de faire connaître les eaux. On nomme spécialement *cartes marines* celles qui ont pour but la description des mers et qui sont propres à guider les navigateurs.

C'est sur les marges de l'est et de l'ouest, à chaque parallèle tracé, qu'on inscrit les numéros indiquant les degrés de latitude. Les degrés de longitude sont marqués sur les marges du nord et du sud, ou le long de l'équateur, à chaque méridien tracé.

Une *échelle* est une mesure placée sur les cartes à côté des pays représentés, et au moyen de laquelle on peut évaluer sur la carte la distance des lieux et l'étendue des pays en *mesures itinéraires*, telles que *kilomètres*, *lieues*, etc. On dit qu'elle est au 100 000e, au 50 000e, au 20 000e, etc., quand le dessin est 100 000 fois, ou 50 000 fois, ou 20 000 fois, etc., plus petit que le pays qu'il représente. Si l'échelle est plus grande que le 10 000e, la carte peut porter le nom de *plan*.

Il y a 10 000 000 de mètres, c'est-à-dire 10 000 kilomètres, ou 1000 myriamètres, dans le quart du méridien terrestre. La Terre a donc 40 000 kilomètres (4000 myriamètres) de tour. Dans un des 360 degrés d'un grand cercle terrestre, c'est-à-dire dans un degré de l'équateur ou du méridien, il entre 111 kilomètres ou 11 myriamètres et 1 dixième. Comme, d'un autre côté, la Terre a 9000 lieues communes de tour, il y a 25 lieues dans un degré. La lieue égale 4 kilomètres et demi.

Le mille marin ou géographique est de 60 au degré, le mille géographique d'Allemagne de 15 au degré, et le mille anglais d'environ 69 au degré.

DIVISION DE LA SURFACE DU GLOBE EN TERRES ET EN EAUX. — FORME GÉNÉRALE DE L'ANCIEN ET DU NOUVEAU CONTINENT. — PARTIES DU MONDE.

Division de la surface du globe en terres et en eaux. — La surface du globe se divise en deux grandes parties : 1° les *terres*; 2° les *eaux*, dont l'ensemble forme la *mer*. Les terres, placées en majeure partie au N. de l'équateur, n'occupent qu'environ un tiers de cette surface. Sur 510 000 000 de kilomètres carrés dont se compose la surface du globe, il y en a 135 000 000 pour les terres et 375 000 000 pour la mer. Dans l'hémisphère boréal, les terres sont aux eaux comme 100 est à 154, et, dans l'hémisphère austral, comme 100 à 628.

Forme générale de l'Ancien et du Nouveau continent. — Les terres forment trois *continents* et un grand nombre d'*îles*. Les premiers sont : 1° l'*Ancien continent*, comprenant l'*Europe*, l'*Asie* et l'*Afrique*; 2° le *Nouveau continent* ou l'*Amérique*; 3° l'*Australie* ou *Nouvelle-Hollande*, ou *continent Austral*, bien moins considérable que les deux autres continents, et compris dans une cinquième partie du monde, nommée *Océanie*.

L'Ancien et le Nouveau continent ont entre eux des rapports de forme très-remarquables; chacun présente deux grandes masses : l'une septentrionale, l'autre méridionale; la masse du nord, dans l'Ancien continent, comprend l'Europe et l'Asie : la masse du sud forme l'Afrique; la masse du nord, dans le Nouveau continent, est l'*Amérique septentrionale*; la masse du sud, l'*Amérique méridionale*. Dans chaque continent, ces deux masses sont réunies par un isthme, resserré entre deux enfoncements de la mer; dans chacun, la masse septentrionale est plus considérable et beaucoup plus irrégulière que la masse méridionale ; enfin les parties australes de ces continents ont une grande ressemblance, et s'avancent également au S. en longues pointes pyramidales. La longueur de l'Ancien continent, qui est le plus étendu, est dirigée du N. E. au S. O.; celle du Nouveau, du N. N. O. au S. S. E. Il faut remarquer que la masse du nord de l'Ancien continent s'étend de l'E. à l'O., tandis que celle du Nouveau continent s'étend du N. au S. Dans chaque continent, la masse du S. a sa plus grande longueur du N. au S. Enfin les presqu'îles nombreuses que renferme chacune des deux masses septentrionales sont généralement tournées vers le S.

Les continents offrent une surface de plus de 125 000 000 de kilomètres carrés ; les îles, de 10 000 000 de kilomètres carrés.

L'Ancien continent a 79 330 000 kilomètres carrés ; le Nouveau, 37 980 000, et le continent Austral, 7 660 000.

Configuration générale des cinq parties du monde. — L'EUROPE, qui occupe le N. O. de l'Ancien-Monde, est la plus petite des cinq parties du globe, mais la plus importante par sa civilisation. Les côtes en sont extrêmement découpées : on y voit beaucoup de presqu'îles, dont les principales sont la *Scandinavie*, au N., la *péninsule Hispanique*, au S. O., l'*Italie* et la *péninsule Turco-Hellénique*, au S.

L'ASIE, qui occupe l'E. de l'Ancien continent, est la plus grande partie continentale du monde. Elle a des côtes irrégulières. Au N., s'avance fort loin le cap *Nord-Est*, le plus boréal de l'Ancien-Monde; — à l'E., sont les presqu'îles de *Kamtchatka* et de *Corée*; — au S., la presqu'île de l'*Indo-Chine* (avec celle de *Malaka*), et la presqu'île de l'*Hindoustan*, appelées dans leur ensemble les *presqu'îles de l'Inde* ; — au S. O., la presqu'île d'*Arabie*, et, à l'O., celle de l'*Asie Mineure*.

L'AFRIQUE se trouve dans le S. O. de l'Ancien continent. Elle a une forme régulière et des côtes sans découpures.

L'AMÉRIQUE est composée, comme on l'a vu, de deux grandes masses : l'*Amérique du nord* et l'*Amérique du sud*.

L'Amérique du nord a des côtes très-échancrées, comme celles de l'Europe et de l'Asie, et il s'y trouve beaucoup de presqu'îles, telles que le *Labrador*, à l'E., la *Floride*, l'*Yucatan*, au S., et la *Californie*, à l'O. L'Amérique méridionale a une forme régulière et des côtes presque partout uniformes, comme celles de l'Afrique.

L'OCÉANIE, composée d'un grand nombre de terres disséminées dans le Grand océan, a pour région principale l'*Australie*, d'une forme assez régulière.

Tableau de l'étendue et de la population des parties du monde.

	Kilom. carrés.	Population.
Europe continentale....................	9 030 000	300 000 000
Europe avec les îles....................	10 180 000	
Asie continentale.....................	41 200 000	700 000 000
Asie avec les îles.....................	42 160 000	
Afrique continentale..................	29 100 000	100 000 000 (?)
Afrique avec les îles..................	29 700 000	
Amérique continentale.................	37 980 000	85 000 000
Amérique avec les îles (Groenland, etc.).	42 480 000	
Australie............................	7 660 000	35 000 000 (?)
Australie avec les îles, ou Océanie.....	10 850 000	

Ainsi, la superficie des parties du monde est d'environ 135 millions de kilomètres carrés, et la population générale du globe s'élève à environ 1 milliard 200 millions d'habitants.

RACES D'HOMMES.

Les hommes, répandus sur le globe en nombre de plus d'un milliard 200 millions, présentent entre eux de grandes différences pour la couleur, les traits du visage, la forme de la tête, les cheveux, le langage, etc. Les principales différences ont servi à distribuer l'espèce humaine en plusieurs *races* ou *variétés*, qui se subdivisent en branches nombreuses. L'étude de la classification des hommes se nomme *ethnographie*.

Les trois races principales sont la race *blanche*, la race *jaune* et la race *nègre*.

La race *blanche* s'appelle aussi *caucasique*, parce que la chaîne du Caucase, entre la mer Noire et la mer Caspienne, à peu près au centre des régions qu'elle habite, paraît en avoir été le berceau, et qu'on y trouve encore les types les plus beaux de cette race ; elle occupe l'O. de l'Ancien continent, c'est-à-dire l'Europe, la moitié occidentale de l'Asie et le N.

de l'Afrique ; elle a formé de nombreuses colonies dans les deux autres parties du globe, surtout dans l'Amérique.

Cette race a pour caractère l'ovale régulier de sa tête, un front large et presque vertical, les yeux grands et fréquemment châtains ou bleus, les cheveux fins, souvent bouclés, généralement châtains ou blonds, excepté dans les pays méridionaux, où ils sont noirs ; un angle facial très-ouvert [1], enfin une couleur blanche et rosée : cependant son teint est assez brun, et même quelquefois entièrement noir, dans certaines contrées chaudes (l'Afrique, l'Asie). Elle est active, entreprenante, ambitieuse, et les peuples placés à la tête de la civilisation lui appartiennent.

La race *jaune*, nommée encore *mongolique*, à cause de la grande nation des Mongols qui en offre le type principal, occupe les régions orientales de l'Asie, et se trouve aussi en petites peuplades dans le N. de la même contrée, aux extrémités boréales de l'Amérique et de l'Europe, et dans le N. de l'Océanie.

Les hommes de cette race se reconnaissent à leur visage large et plat, à leur nez épaté, à leurs yeux très-longs, mais étroits et relevés obliquement en dehors, à leurs cheveux noirs, lisses et raides, à leur teint jaunâtre et olivâtre. Leur angle facial est moins ouvert que celui de la race blanche.

Plusieurs des peuples jaunes, les Chinois principalement, sont d'une civilisation très-ancienne, et ils ont connu, avant les blancs, un grand nombre d'arts ingénieux ; mais ils sont restés stationnaires, et la race blanche les surpasse beaucoup aujourd'hui.

Les hommes les plus petits du globe, les Eskimaux et les Lapons, appartiennent à cette race.

La race *nègre* est répandue dans la partie moyenne et dans le S. de l'Afrique. Elle se distingue par un front déprimé, des mâchoires avancées, un nez large et épaté, de grosses lèvres, une bouche grande, des joues proéminentes, un angle facial peu ouvert.

---

1. L'angle facial est formé de deux lignes idéales qui passent, l'une, par le conduit auriculaire, l'autre, par le point le plus saillant du front, et qui viennent se couper au bord des dents incisives supérieures.

Cette race est moins civilisée et paraît moins intelligente que les deux premières; un grand nombre de nègres, réduits à l'esclavage par les Européens, ont été transportés dans les colonies d'Amérique.

Les autres races n'ont pas des traits aussi caractéristiques, et elles tiennent un peu des trois premières. Ce sont les races *foula*, *galla*, *cafre*, *hottentote*, en Afrique; *malaise*, dans l'Océanie et le S. de l'Asie; *polynésienne* et *noire-océanienne* dans l'Océanie; enfin *rouge* ou *américaine*.

OCÉAN, GRANDES MERS. — COURANTS ET MARÉES. — ISTHMES ET DÉTROITS PRINCIPAUX. — GRANDES ÎLES DU GLOBE.

Division de l'océan en grandes mers. — Mers intérieures. — L'océan, qui est la masse générale de la mer répandue sur le globe, se divise en cinq parties : 1° l'*océan Atlantique*, à l'O. de l'Ancien continent et à l'E. du Nouveau ; 2° le *Grand océan* ou *océan Pacifique*, à l'E. de l'Ancien continent et de l'Australie, et à l'O. du Nouveau continent ; 3° l'*océan Indien*, au S. E. de l'Ancien continent et à l'ouest de l'Australie ; 4° l'*océan Glacial arctique*, qui s'étend au N. de l'Ancien et du Nouveau continent; 5° l'*océan Glacial antarctique*, dans la zone glaciale du S.

Si l'on observe les avancements formés par l'océan dans les terres, on trouve que la plus grande et la plus remarquable mer produite par l'ATLANTIQUE est la *Méditerranée*, située entre l'Europe, l'Afrique et l'Asie, et communiquant avec l'océan par le détroit de Gibraltar.

Elle comprend plusieurs autres mers, telles que l'*Adriatique*, l'*Archipel* et la mer *Noire*.

L'océan Atlantique forme encore, dans l'Ancien continent, la mer *Baltique* et la mer du *Nord*, en Europe, et le golfe de *Guinée*, en Afrique. Sur la côte de l'Amérique, il forme la mer d'*Hudson*, le golfe du *Mexique* et la mer des *Antilles*.

Le GRAND OCÉAN ou OCÉAN PACIFIQUE comprend, au N., la mer de *Beering*, située entre l'Amérique et l'Asie. Il forme, à l'E., en Amérique, la mer *Vermeille* ou le golfe de *Californie*, et le golfe de *Panama* : — à l'O., sur la côte d'Asie, la mer d'*Okhotsk*, la mer du *Japon*, la mer *Jaune*, la mer de *Corée* et la mer de *Chine*.

L'OCÉAN INDIEN forme, au S. de l'Asie, le golfe du *Bengale*, la mer d'*Oman* et le golfe *Persique* : — entre l'Afrique et l'Asie, la mer *Rouge*, appelée aussi golfe *Arabique*.

L'OCÉAN GLACIAL ARCTIQUE comprend la mer *Blanche*, en Europe, et la mer *Polaire de Kane* ou *Polynia* (que des voyageurs, Kane, Morton, Hayes, ont trouvée libre de glaces, quoique des mers moins boréales en soient couvertes), la mer de *Baffin*, le *Bassin de Melville*, en Amérique. Cet océan entoure le pôle Nord, où personne n'a pénétré jusqu'ici.

L'OCÉAN GLACIAL ANTARCTIQUE est encore moins connu que l'océan Glacial arctique, car des amas de glaces s'y rencontrent à des latitudes moins élevées.

La mer *Caspienne*, sur les limites de l'Europe et de l'Asie, est une mer isolée, ou un grand lac, qui ne communique avec aucune des autres mers du globe.

Courants et marées. — Un des plus importants phénomènes des océans et des mers, ce sont les *courants*, causés surtout par les différences de température qui règnent dans les diverses parties de la mer et par la rotation de la Terre. Il existe deux mouvements généraux des eaux : d'abord, des pôles à l'équateur, c'est-à-dire un double courant *polaire*, par suite de la grande évaporation qui attire les eaux froides ; ensuite, dans la zone torride, le mouvement général de l'E. à l'O., c'est-à-dire un *courant équatorial*, parce que les eaux de cette zone ne peuvent pas suivre la rotation du globe, plus rapide là que partout ailleurs. Mais ce dernier courant, en frappant les terres, produit beaucoup de courants particuliers.

Voici les principaux courants : 1° le *courant équatorial de l'Atlantique*, qui se dirige de l'E. à l'O., de l'Afrique à l'Amérique méridionale, en passant au sud d'une partie de l'océan pleine de fucus et qu'on appelle *mer de Sargasse* ; — 2° le *Gulf-Stream* ou *courant du Golfe*, qui est comme la conséquence du précédent, dont les eaux sont arrêtées par les côtes du continent américain, rebondissent pour ainsi dire contre ces côtes, contournent rapidement le *golfe* du Mexique, et sont renvoyées au N. E. jusqu'en Europe, où elles apportent une chaude température ; — 3° le double *courant équatorial du Pacifique* (au N. et au S. de l'équateur); — 4° le *courant Japonais*, qui va de l'Asie à l'Amérique du nord, en se dirigeant d'abord du S. O. au N. E., puis de l'O. à l'E., dans le N. de l'océan Pacifique; — 5° le *courant équatorial de l'océan Indien*, qui s'avance de l'E. à l'O.

La connaissance des courants est d'une grande importance pour la navigation : il n'est pas moins utile de connaître les vents qui, dans la zone équinoxiale, soufflent régulièrement : ainsi, les vents *alizés*, dans l'océan Atlantique, sont dirigés de l'E. à l'O. toute l'année ; dans l'océan Indien, règnent les *moussons*, qui soufflent pendant six mois du N. ou du N. E., et pendant six mois du S. ou du S. O.

Par l'effet de l'attraction de la Lune et du Soleil, les eaux de la mer s'élèvent et s'abaissent tour à tour deux fois dans un jour : c'est ce qu'on appelle les *marées*, divisées en *marée montante* ou *flux*, et *marée descendante* ou *reflux*. Les marées sont généralement plus fortes dans les régions équinoxiales qu'ailleurs, car c'est là que s'exerce directement l'action des deux astres ; de là elles s'avancent vers le N. et vers le S., en s'affaiblissant dans les mers qui n'ont que d'étroites ouvertures ; dans la Méditerranée elles sont à peu près nulles.

Isthmes et détroits principaux. — Les deux isthmes les plus importants du globe sont : l'*isthme de Suez*, qui, unissant l'Afrique à l'Asie, est resserré entre la Méditerranée et la mer Rouge ; ensuite l'*isthme de Panama*, qui unit l'Amérique septentrionale à l'Amérique méridionale, et se trouve resserré entre la mer des Antilles et le golfe de Panama.

Les détroits les plus remarquables du monde sont le détroit de *Beering*, qui sépare l'Ancien continent du Nouveau, et qui unit le Grand océan à l'océan Glacial arctique; le détroit de *Bab-el-Mandeb*, entre l'Asie et l'Afrique ; le détroit de *Malaka*, entre l'Asie et l'Océanie; le détroit de *Gibraltar*, qui sépare l'Europe de l'Afrique et qui unit la Méditerranée à l'Atlantique.

Grandes îles du globe. — Les plus grandes îles qui dépendent de l'Europe sont : au N. E., la *Nouvelle-Zemble* ; au N. O., la *Grande-Bretagne* et l'*Irlande* ; au S., la *Corse*, la *Sardaigne*, la *Sicile* et *Candie*.

On remarque sur la côte orientale de l'Asie les grandes îles du *Japon* ; au S., celle de *Ceylan* et la longue chaîne des *Maldives*.

Madagascar, au S. E. de l'Afrique, est la seule grande île de cette partie du monde.

Entre les deux Amériques, est l'archipel des *Antilles*, dont les principales îles sont *Cuba* et *Haïti*. Dans le N. E. de l'Amérique septentrionale, se trouvent beaucoup d'îles, dont les plus considérables sont les terres du *Groenland*, l'*Islande*, *Terre-Neuve* ; le *Spitzberg*, à l'E. du Groenland, peut être rattaché soit à l'Amérique soit à l'Europe. — Au N. de la même Amérique, on remarque un plus grand nombre d'îles encore, enveloppées de glaces, et dont plusieurs des plus importantes composent l'archipel *Parry*. — Il y en a beaucoup aussi dans le N. O., où l'on distingue particulièrement la longue chaîne des îles *Aléoutiennes* et l'île *Vancouver*. — A l'extrémité de l'Amérique méridionale, se trouve l'archipel de la *Terre de Feu*.

Parmi les îles innombrables qui, avec le continent de l'Australie, composent l'Océanie, et sont répandues dans l'océan pacifique, les plus considérables sont à l'O. et au S. : on remarque, entre autres, *Sumatra*, *Java*, *Bornéo*, *Célèbes*, la *Nouvelle-Guinée*, la *Tasmanie* et la *Nouvelle-Zélande*.

Les terres polaires australes nommées *Clarie*, *Adélie*, *Victoria*, *Graham*, *Enderby*, etc., dont on n'a vu que des portions, forment peut-être un *continent antarctique* autour du pôle S.

CONNAISSANCES GÉOGRAPHIQUES DES ANCIENS.

Les anciens étaient loin de connaître toutes les parties du globe ; leurs notions géographiques les plus étendues ne comprirent que l'Asie occidentale, l'Afrique septentrionale et l'Europe méridionale et moyenne.

Les Hébreux ne connurent qu'une très-faible portion de

l'Ancien continent, c'est-à-dire les extrémités occidentales de l'Asie, un peu le N. E. de l'Afrique, et une fort petite partie du S. E. de l'Europe. Mais aucune de ces parties du monde n'est indiquée dans les Écritures sous la dénomination qui est maintenant en usage : le nom d'*Asie*, qui se présente quelquefois dans le Nouveau Testament, ne désigne qu'une portion de l'Asie Mineure.

Les Hébreux désignèrent la plupart des principaux pays par les noms des enfants de *Sem*, de *Cham* et de *Japhet*. Ainsi, les pays d'*Arphaxad*, d'*Assur*, d'*Élam*, d'*Aram*, à l'E., vers les bords de l'Euphrate et du Tigre, devaient leurs noms à des fils de Sem. — Ceux de *Mesraïm* (Égypte), de *Khus*, de *Canaan*, au S. O., vers le Nil, la mer Rouge et la partie la plus orientale de la Méditerranée, devaient les leurs à des fils de Cham. — Enfin, au N. O., le pays de *Javan*, qui paraît correspondre à la région S. E. de l'Europe, portait le nom de l'un des fils de Japhet.

Les poëtes grecs du neuvième siècle avant J.-C. représentaient la Terre comme un disque autour duquel le fleuve *Océan* roule ses eaux inaccessibles aux mortels vulgaires. Sur ce disque s'étendaient deux grandes régions, l'une au N., l'autre au S., séparées par une vaste mer. La partie septentrionale de la première de ces régions est nommée par Homère *Côté de la nuit :* la partie méridionale de la seconde prend le nom de *Côté du jour*. La *Grèce* occupait le milieu de la Terre ; dans le voisinage de cette contrée, au S. E. et à l'E., étaient les îles de *Crète*, de *Cypre*, et la presqu'île que l'on a nommée depuis *Asie Mineure*. La *Sicile* ou *Trinacrie*, et l'*Hespérie* ou pays du Couchant, formaient à l'O. les limites des connaissances certaines. La *Colchide* et le pays des *Arimes* étaient les contrées les plus reculées vers l'E. ; au N., se trouvait la *Thrace*. Vers le S., on connaissait l'*Égypte* et la *Libye*. Au delà de ces limites, commence l'empire des traditions incertaines, où les anciens poëtes plaçaient au hasard beaucoup de peuplades, telles que les *Cimmériens* ou les *Cimbres*, les *Hyperboréens*, les *Macrobiens*, les *Abiens*, les *Grifons*, les *Arimaspes*, dans le N. ; et les *Pygmées*, les *Éthiopiens*, les *Érembes*, dans le S.

Au cinquième siècle avant J.-C., la géographie avait déjà

fait de grands progrès. Hérodote divisait le monde en deux parties : l'*Europe* et l'*Asie*. Dans la première, se trouvaient la *Grèce* et ses îles nombreuses ; l'*Épire*, la *Thrace*, l'*Illyrie*, l'*Italie*, la *Tyrrhénie*, les *Liguriens*, les *Celtes*, l'*Ibérie* ou la *Grande-Hespérie*, placée sur les limites occidentales de la Terre ; enfin la *Scythie*, habitée par des tribus guerrières, dont quelques-unes étaient confinées aux extrémités orientales du monde connu, à l'E. de la mer Caspienne. — L'Asie renfermait la *Phrygie* et les autres parties de l'Asie Mineure ; l'*Assyrie*, la *Perse*, l'*Inde*, l'*Arabie*, la *Libye*, les *Troglodytes* ou habitants des cavernes, les *Garamantes*, les *Atlantes*, voisins de l'Atlas, et l'*Éthiopie*.

Ératosthènes, qui vivait dans le troisième siècle avant J.-C., admettait trois grandes divisions : l'*Europe*, l'*Asie* et la *Libye*, nommée plus tard *Afrique*. Il plaçait à l'O. du continent la mer *Atlantique occidentale*, dans laquelle il connaissait l'île d'*Albion*. Au N., était l'océan *Septentrional* ou *Scythique*, qui renfermait l'île *Basilia* ou *Baltia*, et qu'on supposait uni à la mer *Caspienne* par un large détroit. L'Asie était baignée à l'E. par la mer *Atlantique orientale ;* au S., elle avait la mer *Érythrée*, où l'on trouvait l'île *Taprobane* (Ceylan).

Ptolémée, dans le deuxième siècle après J.-C., divisait le monde en trois parties : l'*Europe*, l'*Asie* et l'*Afrique* ou *Libye*, réunies en un seul continent. Ce monde était borné à l'O. par l'océan *Atlantique*, qui prenait au S. O. de l'Afrique le nom d'océan *Éthiopique*. Au N., s'étendait l'océan *Hyperboréen* ou la mer *Paresseuse*, dont on croyait les eaux toujours glacées. A l'E., les limites des terres étaient inconnues. Vers le S., l'océan *Indien* baignait les côtes de l'Asie, et le midi de l'Afrique était encore couvert d'obscurité. Entre les trois grandes divisions de l'Ancien-Monde, était la mer *Intérieure* (Méditerranée).

ASIE

DESCRIPTION PHYSIQUE GÉNÉRALE.

Limites, mers, golfes et détroits. — L'Asie occupe la partie orientale de l'Ancien continent, et s'étend du 1er au 78e degré de latitude N.

Elle tient, vers l'O., à l'Europe et à l'Afrique par trois espaces de terre : le plus septentrional de ces espaces est le territoire des monts Ourals; celui du milieu est l'isthme du Caucase, entre la mer Caspienne et la mer Noire; le plus méridional est l'isthme de Suez, qui unit l'Asie à l'Afrique.

Partout ailleurs l'Asie est enveloppée par la mer :

Au N., elle est baignée par l'océan Glacial arctique ; à l'E., par le Grand océan ; au S., par l'océan Indien.

L'océan Glacial arctique forme en Asie les golfes de l'*Obi* et l'*Iénisséi*. — Le Grand océan forme les mers de *Beering*, d'*Okhotsk*, du *Japon*, la mer *Jaune*, la mer de *Corée*, appelée aussi mer *Orientale* ou mer *Bleue*, et la mer de *Chine*, ou mer *Méridionale*, qui forme les golfes de *Tonkin* et de *Siam*. — L'océan Indien forme le golfe du *Bengale*, la mer d'*Oman*, le golfe *Persique* et la mer *Rouge* ou golfe *Arabique*.

L'océan Glacial communique avec la mer de Beering par le détroit de *Beering*, resserré entre l'extrémité N. E. de l'Asie et l'extrémité N. O. de l'Amérique. — On passe de la mer de Chine dans le golfe du Bengale par le détroit de *Malaka*, resserré entre la presqu'île de Malaka et l'île de Sumatra. — Le golfe Persique est joint à l'océan Indien par le détroit d'*Ormus*. — La mer Rouge communique avec ce même océan par le détroit de *Bab-el-Mandeb*, entre l'Arabie et l'Afrique.

La mer *Méditerranée*, l'*Archipel*, la mer de *Marmara*, la mer *Noire* et la mer *Caspienne* forment une assez grande partie de la limite de l'Asie, à l'O.

Presqu'îles et caps. — Les côtes de l'Asie sont assez irrégulières, et l'on y voit de grandes presqu'îles.

A l'O., est la presqu'île de l'*Asie Mineure*, située entre la

Méditerranée et la mer Noire. — Au S. O., se trouve l'*Arabie*, qui s'avance entre la mer Rouge et le golfe Persique.

Au S., on voit deux grandes presqu'îles : 1° l'*Hindoustan*, ou la *presqu'île occidentale de l'Inde*, entre la mer d'Oman et le golfe de Bengale ; — 2° l'*Indo-Chine*, ou la *presqu'île orientale de l'Inde*, qui comprend la presqu'île de *Malaka*, et qui est resserrée entre le golfe du Bengale et la mer de Chine. — A l'E., on remarque : 1° la presqu'île de *Corée*, située entre la mer Jaune, la mer de Corée et la mer du Japon ; 2° la presqu'île de *Kamtchatka*, entre la mer d'Okhotsk et la mer de Beering.

Le cap le plus boréal de l'Asie est le cap *Nord-Est* ; — le plus avancé à l'E. est le cap *Oriental*, sur le détroit de Beering ; le plus méridional est le cap *Bourou*, à l'extrémité de la presqu'île de Malaka ; le plus occidental est le cap *Baba*, dans l'Asie Mineure. — Les autres caps les plus remarquables de l'Asie sont : le cap de *Bab-el-Mandeb*, à l'extrémité S. O. de l'Arabie, sur le détroit du même nom, et le cap *Comorin*, à l'extrémité méridionale de l'Hindoustan.

Étendue de l'Asie. — L'Asie a 10 200 kilomètres de longueur, du N. E. au S. O., depuis le cap Oriental jusqu'au cap de Bab-el-Mandeb ; 8 000 kilomètres du cap Nord-Est au cap Bourou, et 42 460 000 kilomètres carrés. Comme masse *continentale*, c'est la plus grande des parties du monde : elle comprend plus d'espace que l'Europe et l'Afrique réunies.

Iles. — Dans l'océan Glacial, sont les îles *Liakhov*, froides et désertes, et la terre de *Wrangel*, très-peu connue.

A l'E., on remarque les îles *Kouriles*, entre la mer d'Okhotsk et le Grand océan ; les îles du *Japon*, situées entre la mer du Japon et le Grand océan, et comprenant *Nippon*, la plus grande île de l'Asie, *Kiou-siou*, *Si-kok*, *Yéso* ; — l'île de *Sakhalien* ; — l'île *Formose*, entre la mer de Corée et celle de Chine ; — l'île de *Haï-nan*, dans la mer de Chine.

Dans la partie orientale du golfe du Bengale, on trouve les îles *Andaman* et *Nicobar*. — L'île de *Ceylan*, une des plus belles du monde, est à l'entrée sud-ouest du même golfe. — Au S. O. de l'Hindoustan, on voit les îles *Laquedives* et la longue chaîne des *Maldives*, environnées de **récifs**.

Dans la mer Méditerranée, on remarque l'île de *Chypre*, près et au S. de l'Asie Mineure ; — dans l'Archipel, les îles *Sporades*, dont la principale est *Rhodes*, et les îles de *Samos*, de *Khios* et de *Mételin*.

Aspect général, montagnes et volcans, plateaux et plaines. — Le sol de l'Asie est très-élevé vers le centre : il y forme un *plateau*, qui est entouré presque partout d'énormes montagnes : on remarque, parmi ces montagnes, les monts *Altaï*, au N., les monts *Célestes* et *Bolor*, à l'O., les monts *Karakoram*, au S. O., et les monts *Kouen-lun*, au S. — A quelque distance au S. du plateau central de l'Asie, entre le

Himalaya. — Le Gaurisankar.

Tibet et l'Hindoustan, sont les monts *Himalaya*, les plus hautes montagnes de la Terre : leur point culminant est le pic

Everest ou *Gaurisankar*, de 8800 mètres d'altitude. — A l'O. du plateau Central, est le plateau de la *Perse* ou de l'*Iran*; et entre les deux plateaux, se trouve le *Caucase indien*.

Dans le S. de l'Hindoustan, sont les deux chaînes des *Ghattes occidentales* et des *Ghattes orientales*, entre lesquelles s'étend le plateau du *Dékhan*. — Dans le N. E. de l'Asie, on voit les monts *Iablonoï* ou *Stanovoï;* — sur la limite N. O., les monts *Ourals;* — dans l'O., les hautes montagnes du *Liban*, du *Taurus* et du *Caucase*, les monts *Ararat* et *Sinaï*, si célèbres dans l'histoire de la religion, et les plateaux de l'*Arménie*, et de l'*Asie Mineure*.

Il y a de nombreux volcans sur la côte E. de l'Asie, c'est-à-dire dans le Kamtchatka, les îles Kouriles, le Japon. Il s'en trouve quelques-uns sur le plateau Central.

Dans le nord de cette partie du monde, on rencontre des plaines froides et stériles, qui composent presque partout la *Sibérie;* — dans le N. O., d'autres plaines désertes désignées sous le nom de steppes, tantôt sablonneuses, tantôt couvertes d'herbes, et qui s'étendent à la fois dans la Sibérie et dans le Turkestan; mais celui-ci a aussi des régions fertiles. — Les pays du S., sont très-chauds et très-féconds : telles sont les plaines du *Bengale* et de la *Cochinchine*, dans les presqu'îles de l'Inde.

Dans l'Arabie, sur le plateau de la Perse et sur le plateau Central, il y a de grands déserts, dont celui de *Gobi*, sur ce dernier plateau, est un des plus considérables.

Vers l'extrémité occidentale, le sol est généralement fertile et le climat tempéré. Cependant, on y remarque le désert de *Syrie;* mais, à côté, sont les plaines fécondes de la *Mésopotamie*.

Dans la partie orientale, s'étendent les magnifiques régions de la Chine, formées tantôt de plaines chaudes et très-arrosées, favorables à la culture du riz, du coton, de la canne à sucre, tantôt de collines et de montagnes boisées, où croissent le mûrier, l'arbre à thé, l'arbre à suif, etc.

Fleuves. — L'Asie est partagée en six grandes divisions naturelles, dont deux sont des plateaux : le *plateau Central*, et le *plateau de la Perse*. Les quatre autres divisions sont :

le *versant du N.* ou de l'*océan Glacial ; —* le *versant de l'E.* ou du *Grand océan : —* le *versant du S.* ou de l'*océan Indien ; —* le *versant de l'O.* ou des *mers intérieures,* c'est-à-dire des mers Méditerranée, Noire, Caspienne et d'Aral.

Voici les principaux fleuves de chaque versant :

VERSANT DE L'OCÉAN GLACIAL. — On voit, sur ce versant, l'*Ob* ou *Obi,* l'*Iéniséï* et la *Léna.*

VERSANT DU GRAND OCÉAN. — L'*Amour* ou *Sakhalien-oula* a son embouchure en face de l'île de Sakhalien.

Le *Hoang-ho* ou *fleuve Jaune* se jette dans la mer Jaune.

Le *Kiang* ou *Yang-tse-kiang,* appelé vulgairement par les Européens *fleuve Bleu,* tombe dans la mer de Corée.

Le *Cambodge* ou *Mé-kong,* dont le cours vient d'être exploré par une expédition française dirigée par MM. de Lagrée et Fr. Garnier, se jette dans la mer de Chine ; et le *Mé-nam,* dans le golfe de Siam, formé par cette mer.

VERSANT DE L'OCÉAN INDIEN. — Le *Salouen,* l'*Ava* ou *Iraouaddy,* le *Brahmapoutre* et le *Gange* se jettent dans le golfe du Bengale.

Le *Sind* ou *Indus* tombe dans la mer d'Oman.

Le *Tigre* et l'*Euphrate* forment, en se réunissant, le *Chat-el-Arab,* tributaire du golfe Persique.

VERSANT DES MERS INTÉRIEURES. — Le *Kizil-Ermak* (ancien *Halys*) se rend dans la mer Noire ;

L'*Oural,* dans la mer Caspienne.

Le *Djihoun* ou *Amou-déria* (anciennement *Oxus*) et le *Sihoun* ou *Syr-déria* (anciennement *Iaxartes*) se jettent dans la mer d'Aral.

Lacs. — Les plus grands lacs d'Asie sont la mer *Caspienne* et la mer d'*Aral,* placées sur le versant de l'O. au-dessous du niveau des mers voisines.

On remarque ensuite, sur le versant du N., le lac *Baïkal,* qui s'écoule dans l'Iéniséi. — Sur le versant de l'E., se trouvent les lacs *Po-yang* et *Toung-thing,* qui communiquent avec le Kiang, et le *Talé-sab,* qui communique avec le *Mé-kong.* — Sur le versant du S., on voit le lac *Tengri* ou *Céleste,* et le grand marais de *Rin,* près de la mer d'Oman.

Au milieu du plateau Central, on remarque le lac *Lob ; —*

vers les limites de ce plateau, le lac *Bleu* ou *Khoukhou-noor*, à l'E., et les lacs *Balkhach* et *Issyk-koul*, au N. O.

Sur le plateau de la Perse, est le lac *Hamoûn*.

Sur de petits plateaux renfermés entre les versants de l'O. et du S., on voit les lacs d'*Ormiah* et de *Van*. — Le lac *Asphaltite* ou mer *Morte*, célèbre dans l'histoire sainte, est dans un bassin profond, à 400 mètres environ au-dessous de la Méditerranée, et sans communication avec aucune autre mer. L'eau en est très-salée et mélangée d'asphalte. Ce lac reçoit au N. le *Jourdain*.

Lac Asphaltite ou mer Morte.

Climat et productions. — Le climat est bien plus rigoureux dans le N. de l'Asie que dans les parties correspondantes de l'Europe. Au S., on éprouve des chaleurs étouffantes. Sur les plateaux et les montagnes du milieu, il fait plus froid que la latitude ne semble l'annoncer. A l'E. et à l'O., la température est douce, mais plus basse qu'en Europe à latitude égale.

La ligne isotherme de + 5°, qui passe, en Europe, par le 64° degré de latitude sur la côte O. de la Norvége, et par 60° vers Saint-Pétersbourg, descend, en Asie, dans l'île de Sakhalien, à 50° de latitude; la ligne de + 10°, qui passe en Irlande et dans les Pays-Bas, à 53° et 52°, s'abaisse, dans l'empire Chinois, jusque vers 42°, à peu de distance de Pé-king et de la Corée. Le plateau Central et celui du Tibet doivent à leur altitude considérable des froids rigoureux pendant une grande partie de l'année; et ces hauts plateaux, les énormes montagnes qui les entourent, empêchent les vents chauds du midi de se répandre sur les versants N. et N. E. de l'Asie.

L'Asie possède une grande abondance de pierres précieuses : rubis, turquoises, saphirs, etc. Il y a des mines de diamants dans l'Hindoustan. L'or et le cuivre abondent dans les monts Ourals, les monts Altaï, l'Indo-Chine, l'Hindoustan, la Chine et le Japon; le graphite et l'argent, en Sibérie; l'étain, dans la presqu'île de Malaka.

La végétation est magnifique dans le S. de l'Asie : on y voit le palmier, l'indigotier, le cannellier, le poivrier, le camphrier, le figuier indien, le tek, l'oranger, le bambou, le bananier, le bois de sandal, le caféier, le cotonnier, la canne à sucre, le riz, des bois odorants. Dans l'O., on remarque des oliviers, la vigne, des térébinthes, des lentisques, des cyprès, des cèdres, des cerisiers, des abricotiers, des pêchers, des pruniers, des amandiers, des mûriers, des grenadiers, des figuiers, des céréales semblables à celles de l'Europe; dans l'E., le thé, l'arbre à vernis, les arbres à suif et à cire, le camellia, l'hortensia, etc.

Les chameaux sont les plus utiles bêtes de somme des régions occidentales et centrales. Les chevaux d'Arabie sont renommés. Les animaux du S. sont principalement les singes, les éléphants, les rhinocéros, les buffles, les tigres, les perroquets, les argus, les paons, les faisans dorés et argentés.

Dans les montagnes du centre, on rencontre la chèvre qui donne le duvet à châles, le yak, le chevrotain porte-musc.

Dans le N., il y a des martres, des hermines, des renards et autres animaux à fourrures. Le ver à soie est originaire du S. E. On pêche sur les côtes du S. beaucoup de cauris et d'huîtres à perles. Les tortues y donnent une belle écaille.

CONTRÉES DE L'ASIE.

L'Asie renferme treize divisions principales, qu'on peut classer en cinq régions : — 1° la région comprenant les pays situés sur le versant des mers intérieures et sur le plateau de la Perse, et ceux qui sont placés à la fois sur le versant des mers intérieures et sur celui de l'océan Indien ; c'étaient les parties de l'Asie les plus connues des anciens, et elles sont généralement placées entre la Méditerranée et l'Indus ; — 2° la région partagée entre le versant du nord ou de l'océan Glacial et celui du Grand océan ou océan Pacifique ; — 3° les pays du plateau central et de la principale partie du versant de l'est ou du Grand océan ; — 4° la région partagée entre le Grand océan et l'océan Indien ; — 5° les pays entièrement placés sur le versant du sud ou de l'océan Indien.

La **région du versant des mers intérieures et du plateau de la Perse** comprend la Transcaucasie, la Turquie d'Asie, la Perse, l'Afghanistan et le Turkestan.

La TRANSCAUCASIE, ou RUSSIE ASIATIQUE OCCIDENTALE, est une possession russe très-bien placée et généralement fertile. Elle est appuyée sur le flanc méridional du mont Caucase, et située entre la mer Noire et la mer Caspienne. On y compte 3 000 000 d'habitants. La ville principale est *Tiflis* (50 000 habit.), dans la Géorgie, qui est la plus importante province de cette contrée. On remarque aussi *Erivan*, dans l'Arménie russe, et *Bakou*, sur la mer Caspienne.

La TURQUIE D'ASIE, partie la plus orientale de l'empire Ottoman, est un fort beau pays, situé avantageusement à l'extrémité occidentale de l'Asie, entre la mer Noire, l'Archipel, la Méditerranée proprement dite et le golfe Persique ; elle sert de lien aux trois parties de l'Ancien-Monde. La population est de 15 000 000 d'habitants.

On y trouve des régions célèbres dans l'histoire : l'*Asie Mineure* (comprenant l'*Anatolie*, la *Caramanie*, etc.) ; — l'*Arménie* ; — la *Mésopotamie* ; — l'*Assyrie* ; — la *Baby-*

lonie (auj. *Irac-Arabi*); — la *Syrie* (qui renferme, outre la Syrie ancienne, la *Palestine* et la *Phénicie*).

On distingue les villes suivantes : 1° dans l'Asie Mineure : *Smyrne* (130 000 hab.), port très-commerçant de l'Archipel, *Angora, Brousse, Kutahieh, Conieh, Tokat, Trébizonde*, port de la mer Noire; — 2° dans l'Arménie : *Erzeroum*; — 3° dans l'Assyrie : *Mossoul*, près des ruines de Ninive; — 4° dans l'Irac-Arabi : *Bagdad*, autrefois siége brillant de l'empire des Khalifes, sur le Tigre, et *Bassora*, port sur le Chot-el-Arab; — 5° dans la Syrie : *Alep, Damas* (la plus grande ville de la Turquie d'Asie, avec 200 000 hab.), *Jérusalem* (30 000 h.), célèbre dans l'Histoire sainte, et les ports de *Tripoli*, de *Beyrout*, de *Saïde*, d'*Acre* et de *Jaffa*.

Parmi les nombreuses villes ruinées de cette contrée, on remarque *Ninive, Babylone, Éphèse, Palmyre, Tyr*, etc.

La PERSE ou IRAN touche vers le nord à la mer Caspienne et vers le sud au golfe Persique et à la mer d'Oman. Elle comprend à l'est le Grand désert Salé, situé au milieu du plateau qui porte le nom de *plateau de la Perse;* mais ailleurs, surtout au sud, elle offre des régions fertiles et agréables ; c'est la patrie primitive de la figue, de la grenade, de la mûre, de l'amande, de l'abricot, de la prune. — Le souverain du royaume porte le nom de *chah.* — La population est de 6 à 7 000 000 d'habitants. — Les principales provinces de Perse sont l'*Irac-Adjémi* (à peu près l'ancienne *Médie*); le *Farsistan*, le *Khouzistan*, le *Khoraçan*, le *Kerman.* — *Téhéran* (150 000 hab.) est la capitale; les autres grandes villes sont *Ispahan* (100 000 hab.), *Chiraz, Tauris* (110 000 hab.), *Hamadan, Balfrouch, Sari, Recht;* le principal port sur le golfe Persique est *Aboucheher.*

L'AFGHANISTAN, ou le ROYAUME de CABOUL, ne touche à la mer d'aucun côté. La partie occidentale appartient au plateau de la Perse; le reste est dans le bassin de l'Indus. Les hautes montagnes du Caucase indien couvrent le nord. La population est de 6 millions d'hab. — La capitale est *Caboul* (60 000 hab.); les autres villes principales sont *Candahar* et *Ghiznih.* — Le territoire de *Hérat*, longtemps royaume indépendant, a une commerçante capitale de même nom.

Le TURKESTAN PROPREMENT DIT ou OCCIDENTAL, qu'on

appelle aussi la TATARIE OCCIDENTALE ou TOURAN, s'étend à l'E. de la mer Caspienne et autour de la mer d'Aral ; il offre un mélange de steppes nues et de provinces très-fertiles. Cette contrée a été la patrie de nations guerrières (les Huns, les Alains, les Turcs, etc.) qui se sont répandues sur d'autres parties du globe et les ont bouleversées. — Elle est divisée en plusieurs États, dont les principaux sont les khanats de *Boukharie*, de *Khôkhan* et de *Khiva*. — Ses villes principales sont *Boukhara* ou *Bokhara* (réduite à 35 000 h., mais autrefois beaucoup plus importante), dans la Boukharie ; *Khôkhan*, capitale du khanat du même nom, dont les Russes viennent de conquérir une partie ; *Khiva*, capitale d'un autre khanat, qui se trouve dans le pays de *Kharism*.

Le Turkestan occidental renferme 6 à 7 millions d'habit.

Dans le nord de l'Asie, sur le **versant de l'océan Glacial et sur la partie la plus septentrionale du versant du Grand océan**, se trouve la RUSSIE ASIATIQUE ORIENTALE, immense région, plus vaste que toute l'Europe, et cependant à peine peuplée de 6 millions d'habitants, à cause de la rigueur du climat. Elle est composée : 1° de la *Sibérie*, avec la partie de la *Mandchourie*, que les Russes ont enlevée aux Chinois ; 2° du pays des *Kirghiz* ; 3° du gouvernement général de *Turkestan*, y compris la partie de la *Mongolie* enlevée récemment à la Chine par la Russie.

Cette possession russe s'étend de l'O. à l'E., depuis les monts Ourals jusqu'au détroit de Beering ; les monts Altaï et d'autres grandes chaînes du rebord septentrional du plateau central l'enveloppent au S. ; elle s'avance au S. O. jusqu'à la mer d'Aral et à la mer Caspienne ; la longue chaîne des monts Iablonoï la parcourt à l'E. Les grands fleuves Ob, Iéniseï et Léna la traversent du S. au N. ; l'Amour l'arrose au S. E. ; le Sihoun ou Syr-déria, au S. O.

Les parties les plus méridionales jouissent d'une température assez favorable, et ont quelques cantons fertiles en blé, en pâturages, en belles forêts, surtout dans les régions nouvellement acquises vers le fleuve Amour ; mais la plus grande portion de ce pays se compose de plaines marécageuses, de lacs, de sombres forêts de conifères, de steppes sablonneuses ou salées. La Sibérie est très-importante pour la Russie par ses mines et par ses animaux à fourrures : il y a de l'or, du platine, de l'argent, du fer, du cuivre, de la houille, du graphite, des pierres précieuses, telles que des améthystes, des saphirs, des onyx, des aigues-marines ; il s'y trouve aussi de grands animaux fossiles, entre autres des éléphants mammouths.

La presqu'île de Kamtchatka, couverte de hautes montagnes volcaniques, se trouve dans la partie orientale.

Les deux villes principales sont *Tobolsk* (30 000 h.), dans la Sibérie occidentale, et *Irkoutsk* (30 000 h.), dans la Sibérie orientale. — On peut encore remarquer : à l'O., *Tomsk, Omsk* ; *Turkestan, Tachkend, Samarkand* (autrefois capitale d'un vaste empire), dans le gouvernement de Turkestan, récemment conquis par la Russie ; — à l'E., *Iakoutsk, Nertchinsk, Kiakhta*, grand entrepôt de commerce entre les Russes et les Chinois ; *Okhotsk* et *Saint-Pierre-et-Saint-Paul*, chef-lieu du Kamtchatka, ports importants sur le Grand océan ; *Nikolaevsk*, nouvellement fondée, près de l'embouchure de l'Amour.

La plupart des îles Kouriles et l'île de Sakhalien, à côté de la mer d'Okhotsk, appartiennent aux Russes.

Au centre et dans l'E. de l'Asie, **sur le plateau Central et sur le versant de l'océan Pacifique**, on voit l'empire Chinois et le Turkestan oriental. Le Japon est formé d'îles situées dans cet océan.

Le vaste EMPIRE CHINOIS, qui s'appelle encore *l'empire Céleste* ou *empire du Milieu*, est d'une très-antique civilisation ; c'est le plus peuplé du globe, et le plus grand après l'empire Russe. Il occupe tout le plateau Central, tout le bassin de Hoang-ho et du Yang-tse-kiang, et une partie de ceux de l'Amour, de l'Iéniseï, du Mè-kong, du Brahmapoutre et de l'Indus. Il est enveloppé, d'un côté, par l'océan ; de l'autre, par les hautes montagnes de l'Himalaya, du Bolor, du Thien-chan (monts Célestes), de l'Altaï, etc. — Il renferme cinq contrées principales : la *Chine propre*, la *Mandchourie*, la *Corée*, la *Mongolie* et le *Tibet*.

De toutes ces contrées, la plus importante est la Chine propre, qui se distingue par la beauté de son climat, la fertilité de son sol, son industrie, sa nombreuse population (de

400 millions d'habitants), et qui est enveloppée, au N., l'espace de 2600 kilomètres, par le célèbre et inutile rempart
connu sous le nom de *Grande Muraille*. — La capitale est
Pé-king, ou plus exactement *King-ssé* ou *Chun-thian*, avec
1 500 000 ou 2 millions d'h., dans la Chine propre, où l'on
remarque aussi les très-grandes villes de *Nan-king* ou plutôt
Kiang-ning (500 000 h.), de *Sou-tcheou* (2 millions d'h.), de
Siang-tan (1 million d'h.), de *Tchang-tcheou* (1 million d'h.),
de *Canton* ou plutôt *Kouang-tcheou* (1 200 000 h.). — Les

Hong-kong.

principaux ports chinois ouverts au commerce des Européens
sont : *Canton*, dans le sud de la Chine, un peu au-dessus de
l'embouchure du Tchu-kiang ou Tigre ; *Chang-haï, Ning-po,*
Hia-men ou *Emouy, Fou-tcheou*, sur la côte orientale ;

Hang-keou, sur le Yang-tse-kiang, dans l'intérieur du pays.

Les autres divisions de l'empire n'ont pas de villes bien considérables. *Moukden* et *Kirin* sont les villes principales de la Mandchourie. — La capitale du Tibet est *Lassa*, résidence d'un souverain pontife très-vénéré, nommé Dalaï-Lama ; — celle de la Corée est *Han-yang* ou *Séoul ;* — on remarque *Ourga*, dans la Mongolie.

Le *Boutan*, pays situé dans les monts Himalaya, est rattaché tantôt à l'empire Chinois, tantôt à l'Hindoustan.

Ce sont les Mandchoux qui, depuis deux siècles, sont les maîtres de l'empire ; mais une grande insurrection, qui a récemment agité la Chine pendant plusieurs années, a failli les expulser du pouvoir.

Les Portugais possèdent, dans la baie de Canton, la ville de *Macao*, sur l'île du même nom ; et les Anglais y ont l'île de *Hong-kong*, avec la ville de *Victoria*.

Le TURKESTAN ORIENTAL, compris longtemps dans l'empire Chinois, s'en est séparé dans ces derniers temps ; il a pour capitale *Iltchi* ou *Khotan*, et renferme les importantes villes d'*Yarkand* et de *Kachghar*.

Le JAPON, empire insulaire, placé à l'E. de l'empire Chinois, et remarquable, comme celui-ci, par son antique civilisation, se compose principalement des îles de *Nippon*, *Kiousiou*, *Si-kok*, *Yéso*, et des *Kouriles* du S.

L'empereur, qui est en même temps le souverain pontife, a le titre de mikado ; le taïcoun ou vice-roi, qui avait un pouvoir considérable, vient d'être renversé.

La capitale du Japon, située dans le S. O. de l'île de Nippon, est *Myako* ou *Kyoto* (500 000 h.), résidence du mikado ; *Yédo* (1 500 000 h.), ville maritime, est plus grande, plus peuplée que la précédente ; c'était la résidence du taïcoun. — *Osaka*, port florissant, est près de Myako.

Nagasaki, dans Kiou-siou, a été, depuis le milieu du dix-septième siècle jusqu'à 1854, la seule ville ouverte aux étrangers, et les seuls étrangers admis étaient les Chinois et les Hollandais ; mais les Américains, les Anglais, les Français, les Russes et les Allemands viennent d'obtenir le droit d'y aborder, ainsi que dans quelques autres ports de l'empire, tels que *Yokohama* (près de Yédo), *Osaka*, *Hakodade* (dans Yéso).

La population du Japon est de 36 à 40 millions d'hab.

Les îles *Lieou-khieou*, *Lou-tchou* ou *Riou-kiou*, au S. O., forment un petit royaume tributaire à la fois du Japon et de la Chine, et habité par un peuple doux et hospitalier.

Une région est située **à la fois sur les versants du Grand océan et de l'océan Indien** : c'est l'INDO-CHINE ou la PRESQU'ÎLE ORIENTALE DE L'INDE, qui s'étend du N. au S., dans la partie la plus méridionale de l'Asie, entre la mer de Chine, le golfe du Bengale et le détroit de Malaka, dans les bassins du Mè-kong, du Mè-nam, du Salouen, de l'Iraouaddy et du Brahmapoutre. Elle est partagée entre plusieurs nations.

Les *Anglais* en ont une partie. Les principaux territoires britanniques de l'Indo-Chine se trouvent dans l'O. de la presqu'île; ce sont : l'*Assam* et la *Birmanie* anglaise, qui a été conquise récemment sur les Birmans, et où se trouvent le port célèbre de *Rangoun*, vers l'embouchure de l'Iraouaddy, et les villes de *Moulmeïn* et de *Pégou*. — Dans la presqu'île de *Malaka*, les Anglais ont la ville de ce nom. A l'O. de la presqu'île, ils possèdent l'île du *Prince de Galles* ou *Poulo-Pinang*, avec la ville de *Georgetown*. A l'extrémité méridionale de la même presqu'île, ils occupent la petite île de *Singapour*, possession très-importante par sa position intermédiaire entre l'Inde, la Chine et l'Océanie. Il s'y trouve une ville du même nom.

L'empire *Birman* ou la *Birmanie* (ou mieux encore *Barmanie*) a été un puissant État, que les conquêtes des Anglais ont beaucoup diminué; la capitale est *Mandalé*; *Ava* et *Amarapoura* ont été tour à tour capitales.

On distingue, au milieu de l'Indo-Chine, le royaume de *Siam*, dont la capitale est *Bangkok* (500 000 h.), à l'embouchure du Mè-nam; l'ancienne capitale, *Siam* ou *Youthia*, est aujourd'hui ruinée. Outre le Siam proprement dit, ce royaume comprend le nord de la presqu'île de *Malaka*, le *Cambodge occidental* et une partie du pays des *Lao*, peuple répandu aussi dans la Birmanie et l'empire d'An-nam.

L'empire d'*An-nam* (comprenant le *Tonkin* et une grande partie de la *Cochinchine* et du pays des *Lao*) a pour capitale *Hué* (100 000 h.) Autre ville principale, *Ké-cho*.

Les Français ont la *Basse-Cochinchine*, située vers les

embouchures du Mê-kong et du Don-naï ; le chef-lieu de cette colonie est *Saï-gon*. Les autres villes principales sont *Cho-len* (qui est comme une annexe de Saï-gon), *Bien-hoa*, *Mi-tho*. Le groupe d'îles de *Poulo-Condor* dépend aussi de la France.

Le royaume de *Cambodge*, au N. de la Cochinchine française, a pour capitale *Penompeng*. Il reconnaît la suzeraineté de la France.

Il y a de petits États malais indépendants dans le S. de la presqu'île de *Malaka*.

Les îles *Andaman* et *Nicobar* sont à l'O. de cette presqu'île, dans le golfe du Bengale. Les Anglais ont les premières.

L'Indo-Chine renferme de 30 à 40 millions d'habitants.

Parmi les pays qui appartiennent **entièrement au versant de l'océan Indien**, le principal est l'HINDOUSTAN ou la PRESQU'ÎLE OCCIDENTALE DE L'INDE, qu'on appelle aussi simplement l'INDE. Ce pays s'étend entre le golfe du Bengale et la mer d'Oman, au S. des monts Himalaya, et s'allonge en pointe vers le S., où le cap Comorin en forme l'extrémité. C'est une région très-riche et très-peuplée, siége d'une fort ancienne civilisation, et dont beaucoup de nations et de conquérants se sont disputé la possession. L'Hindoustan se partage en deux grandes divisions : l'*Hindoustan propre*, au N., et le *Dékhan*, au S. Il renferme 180 millions d'habitants. Les Anglais en ont la plus grande partie.

La *colonie anglaise de l'Inde* est la plus considérable et la plus remarquable de toutes les colonies qui aient jamais été fondées. Elle s'étend à la fois dans l'Hindoustan et dans l'Indo-Chine ; mais c'est dans l'Hindoustan surtout qu'elle a acquis des proportions gigantesques : là les Anglais ont sous leur domination, immédiatement ou comme vassaux, environ 175 millions d'habitants.

Ils ont immédiatement : 1° dans l'Hindoustan propre et en remontant d'abord la vallée du Gange, les provinces du *Bengale*, de *Bénarès*, d'*Allah-abad*, d'*Agra*, d'*Aoude*, de *Dehly* ; ensuite, en descendant la vallée de l'Indus, les pays de *Pendjab* et de *Sindhi* : — 2° dans le Dékhan, en suivant la côte du golfe du Bengale, les provinces d'*Oryça*, des *Serkars du nord*, de *Karnatic* (dont la côte se nomme *Coroman-*

del) ; — en longeant la mer d'Oman, les provinces de *Konkan*, de *Kanara*, de *Malabar :* — et, loin de la mer, la province de *Pouna* et la division connue sous le nom de *Provinces Centrales.* — Une province maritime, à l'O., est à la fois dans l'Hindoustan propre et dans le Dékhan : c'est le *Goudjérate.*

Une autre partie de l'Inde est sous la protection des Anglais ou leur paye un tribut : dans cette catégorie, se trouvent, au N., les *Radjepouts*, l'État de *Sindhyah* et l'État de *Cachemire*, qui est un débris du puissant État des Seykhs, et dont dépend le *Ladak* ou *Petit Tibet ;* — au milieu, les États tributaires sont ceux de plusieurs princes de la nation des *Mahrattes* et l'État du *Nizam :* — au S., l'État de *Maïssour* et celui de *Travancore.*

Il n'y a plus qu'un État hindou tout à fait indépendant : c'est le *Népâl*, dans le N., sur le flanc des monts Himalaya.

Les villes les plus remarquables des possessions immédiates des Anglais sont :

1° Dans le bassin du Gange : *Calcutta* (620 000 hab.), grande et magnifique ville, capitale du Bengale et des possessions anglaises en Asie, sur l'Hougly, bras du Gange ; *Patna*, sur le Gange ; *Bénarès*, la ville la plus savante de Hindous, sur le même fleuve ; *Allah-abad*, avec un temple fameux, aussi sur le Gange ; *Lakhnô*, capitale de l'ancien État d'Aoude ; *Agra ; Dehly*, ancienne capitale de l'empire de l'Inde et longtemps la résidence d'un prince qui avait le titre de Grand-Mogol.

2° Dans le bassin de l'Indus : *Lahore*, ancienne capitale des Seykhs, au milieu du riche pays de Pendjab ; *Amretseyr*, métropole religieuse des Seykhs ; *Moultan*, sur l'Indus ; *Hayder-abad*, capitale du Sindhi, sur l'Indus.

3° Sur la côte orientale du Dékhan : *Kétek ; Gangam*, *Madapolam* et *Mazulipatam*, connues par leurs étoffes de coton ; *Madras* (400 000 h.), siége d'un immense commerce ;

4° Sur la côte occidentale de la presqu'île : *Surate*, fameuse par son commerce, sur le Tapty ; *Bombay* (650 000 h.), située sur une petite île, et l'une des places les plus importantes de l'Asie ; *Calicut*, *Cochin*, dans le Malabar ;

5° Dans l'intérieur : *Nagpour, Beydjapour* ou *Visiapour, Pouna, Séringapatam.*

Dans les états tributaires ou alliés-protégés des Anglais, on remarque : au N., *Gonalior* et *Oudjeïn*, dans l'État de Sindhyah; *Cachemire* (ou plutôt *Kachmyr*) ou *Sirinagar*, célèbre par ses châles, dans la belle vallée du même nom; — à l'O., *Cambay*, au fond du golfe du même nom; — au centre, *Hayder-abad*, capitale de l'État du Nizam, et *Golconde*, fameuse par son dépôt de diamants.

Catmandou est la capitale du Népâl.

La France a, dans l'Hindoustan, *Pondichéry*, chef-lieu de ses établissements dans ce pays, et située sur la côte de Coromandel; *Karikal*, sur la même côte; *Chandernagor*, dans le Bengale; *Mahé*, sur la côte de Malabar; *Yanaon*, dans les Serkars. — Les Portugais, autrefois très-puissants dans l'Inde, ont conservé principalement le territoire de *Goa*.

Près et au S. E. de l'Hindoustan, est la belle île de *Ceylan*, qui appartient à l'Angleterre; on y remarque le *Pic d'Adam*, objet de la vénération de nombreux pèlerins, qui viennent y adorer l'empreinte gigantesque et supposée d'un pied (les uns disent d'Adam, les autres de Bouddha). On y voit aussi la ville de *Colombo*, capitale de l'île; *Candy*, ancienne capitale; *Trinquemale* et *Pointe-de-Gale*, ports de mer.

Les *Laquedives* et les *Maldives*, au S. O. de l'Hindoustan, sont deux archipels, composés de beaucoup de petites îles environnées de récifs : les premières reconnaissent la suprématie des Anglais, et les dernières sont indépendantes.

A l'O. de l'Hindoustan, est le BÉLOUTCHISTAN, qui s'allonge de l'E. à l'O., le long de la côte N. de la mer d'Oman; il est aussi vassal des Anglais, et a pour capitale *Kélat*. Ce pays comprend à peu près 500 000 habitants.

Enfin, la dernière contrée de l'Asie est l'ARABIE, située à l'extrémité S. O. de cette partie du monde, entre la mer Rouge, le golfe Persique et la mer d'Oman. Elle offre un mélange d'affreux déserts et de cantons fertiles. Le S. O. produit du café excellent. Les chevaux et les chameaux de ce pays sont renommés.

L'Arabie est partagée en plusieurs États : les principaux sont ceux du sultan d'*Yémen* et du chérif de *La Mecque*, qui reconnaissaient la suzeraineté ottomane; — l'État du sultan de *Mascate*, qui étend sa domination non-seulement sur le

S. E. de l'Arabie, mais sur une partie du S. de la Perse ; — l'État du roi des *Ouahabites*, dans l'intérieur de la presqu'île.

Les villes principales sont *La Mecque*, patrie de Mahomet et considérée par les musulmans comme la plus sainte de toutes les villes ; *Médine*, ville sainte aussi aux yeux des mahométans et célèbre par la mosquée qui contient le tombeau de Mahomet ; *Sana*, capitale de l'Yémen ; *Moka*, qui a été le principal entrepôt du commerce du café de l'Yémen ; *Aden*, qui l'est aujourd'hui et qui appartient aux Anglais ; *Mascate*, capitale de l'État du même nom et port commerçant ; *Riadh*, capitale du royaume des Ouahabites.

Candy, dans l'île de Ceylan.

L'Arabie renferme environ 12 millions d'habitants.

L'intelligente nation des Arabes, si puissante au moyen âge, s'est répandue dans un grand nombre d'autres régions.

Outre l'importante place d'*Aden*, les Anglais ont, sur la côte de cette contrée, l'île de *Périm*, qui est à l'entrée de la mer Rouge, dans le détroit de Bab-el-Mandeb, et celle de *Camaran*, dans l'intérieur de la mer Rouge.

HABITANTS, LANGUES ET RELIGIONS DE L'ASIE.

Habitants et langues de l'Asie. — La population de l'Asie s'élève à environ 700 millions d'habitants. Elle appartient à la race blanche ou caucasique dans la moitié occidentale et dans quelques parties du N. ; elle est de la race jaune ou mongolique dans la moitié orientale et chez un grand nombre de peuplades boréales.

Parmi les peuples de la première race, il en est qui semblent s'en éloigner par leur couleur très-brune, mais qui, par les traits de leur visage et par leur conformation générale, se rapportent aux nations blanches. Tels sont les *Hindous proprement dits* ou *Hindous-Aryas*, venus, à une époque reculée, du plateau de la Perse, et qui ont avec les nations de l'Europe des rapports remarquables de conformation et de langue. Les autres peuples de cette race sont les *Persans* ou *Tadjiks*, les *Afghans* ou *Patans*, les *Géorgiens*, les *Arméniens*, les *Grecs*, les *Turcs*, les *Kurdes*, les *Turcomans*, les *Ouzbeks*, les *Arabes*, les *Druzes*, les *Maronites*, les *Béloutchis*, les *Ostiaks* et quelques autres populations sibériennes d'origine *finnoise*. Il y a, dans la Transcaucasie et la Sibérie, des *Russes* et des *Cosaques;* dans l'Inde, il se trouve un assez grand nombre d'*Anglais* et de *Portugais-noirs* (ceux-ci descendent d'un mélange de Portugais et d'Hindous).

A la race jaune appartiennent les *Mongols* (dont font partie les *Kalmouks*), les *Mandchoux*, les *Chinois*, les *Tibétains*, les *Japonais*, les *Coréens* et divers petits peuples de la Sibérie, tels que les *Bachkirs*, les *Tounyouses*, les *Iakoutes*, les *Samoïedes*. Les *aborigènes primitifs de l'Hindoustan*, aujourd'hui refoulés dans le Dékhan, appartiennent aussi probablement à la race mongolique.

On comprend, sous le nom assez vague de *Tatares* (improprement *Tartares*), des peuples répandus dans les régions du centre, de l'O. et du N., et formés d'un mélange de Turcs et de Mongols; tels sont les *Kirghiz*, population nomade.

Les *Indo-Chinois* tiennent à la fois à la race blanche et à la race jaune ; les *Birmans*, les *Siamois* et les *Cambodgiens* se rapprochent de la famille hindoue ; les *Cochinchinois*, les *Tonkinois* et quelques autres se rapprochent de la famille chinoise et font partie de la race jaune.

On trouve dans l'Indo-Chine, surtout au sud, des populations *malaises* ; et il y a des *nègres* dans les îles Andaman.

On ne sait exactement à quelle race rattacher certains peuples des régions orientales, comme les *Aïnos*, dans l'île Yéso et dans les Kouriles ; les *Lao*, dans l'Indo-Chine. Diverses particularités de leurs traits feraient penser que ce sont des rameaux écartés de la race caucasique. Les Japonais eux-mêmes se rapprochent, sous plusieurs rapports, autant de cette race que de la race mongolique.

L'Asie a vu sortir de son sein les nations qui ont peuplé ou conquis tout l'Ancien continent, et probablement le globe entier. Elle fut le berceau des sciences, des arts et des idées religieuses qui se sont répandus dans l'Occident et y ont enfanté une si brillante civilisation ; mais elle-même est restée stationnaire dans plusieurs de ses contrées, et dans d'autres elle a rétrogradé ; car les pays asiatiques occidentaux, d'où l'Europe a tiré ses lumières, sont aujourd'hui peu policés, et la Chine, l'Inde, où une foule d'inventions curieuses ont pris naissance, n'offrent pas de progrès dans leur civilisation ; elles restent ce qu'elles étaient il y a plusieurs siècles. Cependant le Japon, avancé depuis longtemps dans la culture des sciences et de l'industrie, ne néglige pas les nouveaux progrès que lui fournissent les rapports avec l'Europe.

Les langues de l'Asie sont l'arabe, l'arménien, le géorgien, le turc, le persan, le sanscrit (langue savante et sacrée de l'Inde, qui n'est plus parlée aujourd'hui), le pali (langue sacrée de l'Indo-Chine), l'hindoustani, le chinois, le japonais, le tibétain, le birman, le siamois, le cambodgien, l'annamite, le mandchou, le mongol, le malais.

Religions. — La religion *mahométane* ou *musulmane*, née en Arabie, domine dans les parties occidentales, et s'étend jusque vers le centre et vers les extrémités méridionales. Elle se divise en deux sectes rivales : la secte d'Ali ou le *chiisme*, qui domine en Perse, et la secte d'Omar ou le *sunnisme*, qui règne surtout en Turquie.

Cette partie du monde fut aussi le berceau du *christianisme* et du *judaïsme*. Les chrétiens ne sont un peu nombreux que dans la Turquie d'Asie, le voisinage du Caucase, la Sibérie, l'Hindoustan ; des missionnaires propagent activement la religion chrétienne dans la Chine et l'Indo-Chine.

Le *brahmisme*, religion païenne, domine dans l'Hindoustan ; le *bouddhisme* est répandu surtout dans l'empire Chinois, dans l'Indo-Chine et au Japon. Suivant la croyance de la plupart des bouddhistes, la divinité supérieure subsiste dans la personne du Grand Lama, souverain du Tibet. Le *chamanisme*, qui descend à l'adoration des esprits malveillants, se rattache au bouddhisme ; il est répandu dans le N. Il y a, dans la Perse et l'Inde, un grand nombre de *parsis* ou *guèbres*, adorateurs du feu. Les *sabéens* ou adorateurs des astres, autrefois nombreux dans l'O., ont presque disparu.

(Pour la géogr. ancienne de l'Asie, voy. un chap. à la fin du vol.)

AFRIQUE

—

DESCRIPTION PHYSIQUE GÉNÉRALE.

Limites, mers, golfes et détroits. — L'Afrique occupe le S. O. de l'Ancien continent, et s'étend entre le 37ᵉ degré de latitude N. et le 35ᵉ degré de latitude S. C'est une grande presqu'île, jointe à l'Asie, vers le N. E., par l'isthme de *Suez*, et entourée par la mer de tous les autres côtés.

Au N., la mer *Méditerranée* et le détroit de *Gibraltar* la séparent de l'Europe. — L'océan *Atlantique* la baigne à l'O. — Au S. E. et à l'E., se trouve l'*océan Indien*. Cet océan forme le détroit de *Bab-el-Mandeb* et la *mer Rouge*, qui sont resserrés entre l'Afrique et l'Arabie ; il forme aussi le canal de *Mozambique*, qui sépare du continent la grande île de Madagascar.

Les côtes africaines sont généralement uniformes, et n'offrent pas de grandes découpures, comme on en remarque en Europe et en Asie. Cependant la Méditerranée y produit un grand enfoncement, partagé en deux golfes nommés golfe de la *Sidre* et golfe de *Cabès* (la *Grande Syrte* et la *Petite Syrte* des anciens) ; — l'océan Atlantique forme le golfe de *Guinée*, qui comprend ceux de *Bénin* et de *Biafra*.

Caps et étendue de l'Afrique. — Cette grande péninsule est terminée par quatre caps principaux vers les quatre points cardinaux ; ce sont : le cap *Blanc*, au N.; le cap des *Aiguilles*, au S.; le cap *Vert*, à l'O., et le cap *Guardafui*, à l'E. — Il faut aussi remarquer, au N., le cap *Bon*, assez près du cap Blanc; à l'O., un autre cap *Blanc*, un peu au N. du cap Vert; au S., le cap de *Bonne-Espérance*, dont la découverte au XVe siècle a été un événement important.

L'Afrique a 8000 kilomètres de longueur, du N. au S., et 7500 kilomètres dans sa plus grande largeur, de l'E. à l'O. Elle est trois fois plus étendue que l'Europe. Une grande partie de l'intérieur, surtout vers l'équateur, est encore inconnue.

Aspect général, montagnes et climat. — L'Afrique a tantôt des régions très-fertiles ; tantôt elle présente de grands déserts sablonneux et arides : on y remarque surtout, au N., le *Sahara*, le plus vaste désert du globe, et le désert de *Barca*; au S., le désert de *Kalahari*. Cependant on rencontre çà et là d'agréables oasis au milieu de ces régions stériles.

Une des plus hautes chaînes de montagnes de l'Afrique est l'*Atlas*, au N. O. — Dans la partie orientale, on trouve les montagnes de *Sémen* ; — dans la partie occidentale, les montagnes de *Kong* et les monts *Camarones*. — On a découvert récemment, un peu au S. de l'équateur, les monts *Kénia* et *Kilima-Ndjaro*, qui sont peut-être les montagnes de la *Lune* mentionnées par les anciens géographes et qui paraissent être les plus hautes montagnes de l'Afrique (environ 6000 m. d'altitude). — Au S. E., on remarque les monts *Lupata* ; — et, au S., les monts *Kathlamba* et les montagnes de *Neige* ou *Sneeuwberg*.

On connaît peu encore les montagnes de l'Afrique; on ne peut décrire leur enchaînement et la manière précise dont

elles partagent les eaux. Cependant il semble que toute la
partie méridionale de l'intérieur de la presqu'île, à partir de
l'équateur, forme un vaste plateau bordé de chaînes de hauteurs à l'E. et à l'O., et creusé de plusieurs bassins lacustres
dans le milieu. En général, il règne tout autour de l'Afrique
comme un bourrelet qui force les fleuves à former des cataractes, comme celles du Nil, du Sénégal, du Niger, du Zambèze, du fleuve Orange, etc. Ces obstacles ont contribué, avec
la forme massive du pays, avec ses déserts, sa température
brûlante, les mœurs inhospitalières des habitants, à nous
laisser dans l'ignorance d'une grande partie de l'intérieur du
continent africain.

Le Nil.

L'Afrique, traversée presque au milieu par l'équateur, est
la plus chaude des parties du monde. Le thermomètre, à
l'ombre, s'élève souvent à 45 et 50 degrés au-dessus de zéro,
dans la Sénégambie, la Guinée et d'autres contrées ; les sables
du désert sont brûlants et font cruellement souffrir ceux qui
les parcourent ; la réverbération du soleil sur les plaines
arides, les mirages fréquents qui offrent l'image décevante

de fraîches nappes d'eau là où il n'y a qu'un espace nu et sec, sont un supplice pour les voyageurs. Les insolations les frappent souvent d'une manière funeste, les fièvres paludéennes les attaquent aussi, et des insectes qui naissent en foule sous l'action de la chaleur humide sont encore un des fléaux les plus à craindre.

Dans toute la région renfermée entre les tropiques, les pluies sont périodiques : elles tombent abondamment durant plusieurs mois; ensuite il se passe plusieurs autres mois sans qu'il tombe une goutte d'eau. Ainsi, l'année de ces contrées ne se divise qu'en deux saisons : celle des pluies ou de l'hivernage, et celle de la sécheresse. Les pluies accompagnent le soleil : il pleut, au N. de l'équateur, d'avril à octobre, et, au S. de ce cercle, d'octobre à avril. Il existe cependant des régions où il ne pleut jamais : par exemple une grande partie du Sahara, le S. de l'Égypte, le N. de la Nubie.

Fleuves. — Vers le N., l'Afrique envoie ses eaux dans la Méditerranée ; — vers l'O., dans l'océan Atlantique ; — vers l'E., dans l'océan Indien.

Il existe au centre de cette partie du monde, un grand bassin au milieu duquel est le lac *Tchad*, et qui ne verse ses eaux dans aucune mer.

L'Afrique est donc, par la distribution des eaux, partagée en quatre divisions naturelles : trois versants et un grand bassin intérieur, sans compter plusieurs autres bassins intérieurs qui peuvent exister encore.

Le plus long des fleuves qui se rendent dans la Méditerranée est le *Nil*, formé de la jonction du *Nil Blanc* et du *Nil Bleu*. — Le Nil Blanc, la plus considérable de ces deux branches, sort des lacs Victoria et Albert, mais il peut venir de plus loin encore, et des renseignements récents feraient penser que ses sources sont vers le 10e degré de latitude S. Dans ce cas, on ne pourrait pas évaluer son cours à moins de 6000 kilomètres. — Le Nil se jette dans la mer par deux branches principales, celles de *Damiette* et de *Rosette*, entre lesquelles est renfermé le fameux *Delta*. Il est sujet à de grandes crues périodiques, qui commencent au solstice de juin et finissent en décembre.

Les principaux fleuves tributaires de l'océan Atlantique sont le *Sénégal*, la *Gambie*, le *Diali-ba*, *Kouara* ou *Niger*, qui reçoit la *Bénoué* ou *Tchadda* et se jette dans le golfe de Guinée par beaucoup de branches; le *Zaïre* ou *Coango*, la *Counza* et le fleuve *Orange* ou *Gariep*.

Les fleuves qui coulent du côté de l'océan Indien sont peu connus; on y remarque le *Zambèze*, qui se jette dans le canal de Mozambique; le *Rovuma* et le *Djoub*.

Lacs. — Le lac *Tchad* ou *Tsad*, au centre, est l'un des plus grands lacs connus de l'Afrique. — Sous l'équateur, se trouvent le lac *Victoria* ou *Oukérévé-Nyanza* et le lac *Albert* ou *Mwoutan-Nzighé*, vastes nappes d'eau découvertes récemment par les voyageurs Speke et Baker. Le Nil Blanc sort du premier et entre quelque temps après dans le second, d'où il poursuit son cours vers le N. — D'après les renseignements communiqués par le grand voyageur Livingstone, le même fleuve servirait encore d'écoulement à d'autres lacs situés entre 5° et 10° de latitude méridionale, au S. et à l'O. d'un autre grand lac nommé *Tanganyika*, qui est peut-être sans écoulement, mais qui pourrait, suivant quelques suppositions, se verser dans le lac Albert. — Plus au S. encore, se trouvent le lac *Nyassa*, qui s'écoule dans le Zambèze, et les lacs *Chiroua* et *Nyami*, qui sont sans communication avec la mer.

On remarque, dans le N. de l'Afrique, le lac *Melghigh*, près du mont Atlas. C'est un lac temporaire, c'est-à-dire qui est à sec pendant un certain temps de l'année, comme le sont plusieurs autres lacs de cette région de l'Afrique. — A l'E., se trouve le lac *Dembéa* ou *Tana*, formé par le Nil Bleu. — A l'O., est le lac *Déboé*, formé par le Diali-ba.

Productions. — L'Afrique est la partie de l'Ancien continent la plus riche en or : ce métal s'y trouve surtout sous la forme de poudre, et y fait l'objet d'un grand commerce. Le cuivre et le fer sont abondants. Le sel est commun dans les déserts arides. Il y a dans le S. des mines de diamants.

Le froment, le riz, d'autres céréales nommées dourah et

sorgho, l'orge, le maïs, le manioc, dont la racine donne une excellente farine, procurent, dans plusieurs contrées, de précieuses récoltes.

Le dattier se plaît au milieu des sables du N., et les dattes y sont le principal aliment des tribus nomades. Les orangers, les citronniers, les cédratiers, se voient particulièrement sur les rives de la Méditerranée; les pamplemousses, qui appartiennent à la même famille, préfèrent les régions du S. La vigne réussit également dans les parties les plus septentrionales et les plus méridionales, et dans les îles Madère et Canaries.

Le cocotier, le palmier élaïs, qui donne l'huile de palme; le bananier; l'acacia vrai, qui fournit la gomme arabique; le gigantesque baobab, le bombax ou fromager, le figuier indien, le dragonnier, intéressant par sa résine appelée sang-dragon; l'arachide ou noix de terre, qui fournit une huile abondante; d'énormes euphorbes, d'innombrables mimoses, sont communs dans les régions moyennes.

Dans le N. E., on récolte le séné, qui est l'objet d'un grand commerce.

Le caféier croît naturellement dans la partie orientale, et l'on pense même que cette plante précieuse est originaire de l'Afrique, d'où elle aurait été transportée en Arabie.

La canne à sucre, l'indigo et le cotonnier sont cultivés dans plusieurs parties.

Ce n'est qu'en Afrique que l'on trouve la girafe et le zèbre.

Les lions y sont plus nombreux que dans aucune autre partie du globe.

Le léopard, la panthère, l'hyène, le chacal, sont des animaux féroces répandus presque dans toutes les régions africaines.

L'éléphant, le rhinocéros, l'hippopotame, habitent dans les parties moyennes et méridionales.

Dans le N., il y a un grand nombre de chameaux.

On rencontre en beaucoup d'endroits la gazelle, la civette, qui produit la matière odorante du même nom. D'innombrables antilopes peuplent plusieurs contrées, surtout celles du sud; il y a de nombreuses espèces de singes, entre autres les chimpanzés, les gorilles, les mandrills, etc.

Parmi les oiseaux, on remarque l'autruche, qui erre dans les déserts du N. ; l'outarde, la demoiselle de Numidie, la grue couronnée, l'ibis, révéré des anciens Égyptiens; la cigogne; les albatros ou moutons du Cap, énormes oiseaux aquatiques; les cormorans, les pintades, de belles espèces de coucous; de nombreuses variétés de perroquets, entre autres les jacos, qui apprennent le mieux à parler; des vautours; le messager ou secrétaire, etc.

On trouve le crocodile dans la plupart des fleuves; parmi les serpents venimeux, on peut citer la vipère haje d'Égypte, et le céraste, qui se tient caché dans les sables des déserts.

Les mers d'Afrique sont peuplées de poissons curieux par l'éclat de leurs couleurs ou par la bizarrerie de leurs formes : tels sont les exocets ou poissons volants.

La coquille qui donne la pourpre se trouve sur les côtes de la Méditerranée.

Un des insectes les plus nuisibles de l'Afrique est le criquet, espèce de sauterelle, dont les nuées redoutables dévastent en un moment des provinces entières; mais les habitants du désert en font un de leurs mets principaux.

Les scorpions sont très-nombreux.

Les fourmis blanches, ou termites, causent beaucoup de ravages.

La mouche tsétsé, qui fait périr les bœufs et les chevaux, se rencontre dans plusieurs contrées du sud.

Les plus belles espèces de corail sont communes sur les côtes septentrionales de l'Afrique.

CONTRÉES DE L'AFRIQUE.

Région correspondant à l'Afrique connue des anciens.

Les anciens connaissaient, en Afrique, l'*Égypte*, l'*Éthiopie au-dessus de l'Égypte*, la *Libye maritime* (divisée en *Cyrénaïque et Marmarique*), l'*Afrique propre*, la *Numidie*, la

Mauritanie ; ils avaient quelques vagues notions sur la *Libye intérieure* et l'*Éthiopie intérieure.* Leurs connaissances étaient généralement restreintes à la région située au N. de l'équateur, et s'étendaient surtout vers le Nil et la Méditerranée.

Trois pays modernes sont situés dans la *région du Nil et de la mer Rouge :*

On voit d'abord, au N., entre la mer Rouge et la Méditerranée, à côté de l'isthme de Suez, l'**Égypte**, fécondée par les débordements périodiques du Nil, qui la traverse du S. au N., et dont la vallée y est resserrée entre la chaîne Arabique, à l'E., et la chaîne Libyque, à l'O. Elle est fameuse par son ancienne civilisation, par ses intéressantes ruines, par l'expédition française de 1798 et la grande et belle description qui en a été la conséquence ; elle est gouvernée par un vice-roi ou khédive, qui est tributaire de l'empereur de Turquie. Elle est divisée en *Haute, Moyenne* et *Basse-Égypte.* C'est dans cette dernière que sont les villes les plus importantes du pays : *le Caire*, capitale, sur le Nil, peuplée de 350 000 habitants ; — *Alexandrie* (220 000 hab.), port célèbre sur la Méditerranée, principal entrepôt du commerce maritime de l'Égypte ; — *Rosette, Damiette,* situées chacune à l'embouchure de l'une des deux principales branches du Nil qui forment le Delta ; — *Aboukir*, place forte, sur la Méditerranée, fameuse par deux combats, en 1798 et 1799 ; — *Suez*, port sur la mer Rouge, et *Port-Saïd*, sur la Méditerranée, deux places importantes pour le commerce, aux extrémités du canal de Suez.

Parmi les anciens monuments si nombreux, on distingue ceux des ruines de *Thèbes*, dans la Haute-Égypte, et les *Pyramides*, vers l'emplacement de *Memphis*, près du Caire.

Tout ce qui, en Égypte, se trouve loin de la vallée ou du delta du Nil, est stérile et désert, excepté quelques oasis, dont les principales sont la *Grande Oasis*, la *Petite Oasis* et l'oasis de *Syouah* (l'ancienne oasis d'*Ammon*), toutes à l'O.

La population des possessions égyptiennes (aussi bien en Égypte qu'en Nubie) est d'environ 8 millions d'habitants.

L'Égypte est dans une position physique très-remarquable, qui la rend propre à être le lien du commerce entre l'Afrique et l'Asie, entre l'Europe et l'Inde : rien ne contribue plus à

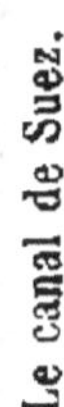

Le canal de Suez.

favoriser ce commerce que le canal de *Suez*, qui joint directement la Méditerranée à la mer Rouge, en coupant l'isthme de même nom. Ce beau travail, terminé en 1869, est dû à l'initiative et à la persévérance d'un Français, M. F. de Lesseps.

Au sud de l'Égypte, on entre dans la **Nubie**, généralement dépendante du khédive, et traversée du S. au N. par le *Nil* (qui s'y forme par la réunion du *Nil Blanc* et du *Nil Bleu*). — La principale ville est *Khartoum*, au confluent des deux Nils.

A la Nubie se trouve annexé, comme possession du vice-roi d'Égypte, le *Kordofan*, pays qui fait partie du Soudan.

On appelle *île de Méroé* la presqu'île comprise entre le Nil Bleu, le Nil proprement dit et le Tacazzé (l'ancien Astaboras).

Au S. E. de la Nubie, est l'**Abyssinie**, ou plutôt l'**Éthiopie**, pays montagneux et pittoresque, qui renferme les sources du Nil Bleu et le lac Dembéa. La plus grande partie de cette contrée formait l'empire du *négous* Théodoros, qui a été un instant puissant, mais que les Anglais ont renversé en 1868. — *Gondar* est la capitale nominale de cet empire.

Les Abyssins proprement dits, qui se nomment eux-mêmes *Itiopavan* (Éthiopiens) ou *Agazian*, ont le teint noir; ils se rattachent cependant à la race blanche par les traits de leur visage.

On peut joindre à cette région du Nil et de la mer Rouge le **Somâl**, qui comprend la partie la plus orientale de l'Afrique, c'est-à-dire la contrée placée au sud du détroit de Babel-Mandeb et du golfe d'Aden. — *Zeïlah* est une des villes principales.

La **Barbarie**, ainsi nommée des *Berbères*, qui en sont les véritables indigènes, est appelée en arabe *Maghreb* (l'occident), et occupe un long espace de l'E. à l'O. sur la côte méridionale de la Méditerranée ; elle est couverte, dans sa partie occidentale, par le mont *Atlas*, qui établit dans cette région trois divisions distinctes : au N., le *Tell*, riche en blé ; — au milieu, les *plateaux*, fertiles en pâturages ; — au S., le désert qui forme le *Sahara barbaresque*.

Les pays barbaresques se composent de quatre divisions politiques : la régence de *Tripoli*, la régence de *Tunis*, l'*Algérie* et l'empire de *Maroc*.

La régence de **Tripoli**, la plus orientale de ces divisions, gouvernée par un pacha qui reconnaît la suzeraineté de l'empereur de Turquie, est très-étendue, mais peu peuplée. La capitale est *Tripoli*, sur la Méditerranée.

La régence de **Tunis**, ou la **Tunisie**, qui s'étend du N. au S., à l'O. des golfes des Syrtes, est gouvernée par un bey, qui dépend nominalement de l'empereur de Turquie ; la capitale est *Tunis* (125 000 hab.), près d'un golfe de même nom et vers l'emplacement de l'ancienne *Carthage*.

L'**Algérie**, importante possession française, dont la conquête a commencé en 1830, s'allonge de l'E. à l'O., en face de la France.

La chaîne de l'*Atlas* la parcourt de l'O. à l'E.

Elle est, comme toute la Barbarie occidentale, divisée physiquement en trois parties : 1° la région maritime qu'on appelle le *Tell*, et qui est surtout fertile en céréales (froment, orge, maïs, riz); — 2° les *plateaux*, renfermés entre deux massifs de l'Atlas, et riches en pâturages; — 3° le *Sahara algérien*, qui est un désert sablonneux, mais parsemé d'oasis où abondent d'excellents fruits, tels que les grenades, les pêches, les abricots, les figues, les amandes, les olives, les raisins et surtout les dattes.

L'Algérie constitue un gouvernement général civil, divisé en trois départements : ceux d'*Alger*, d'*Oran* et de *Constantine*.

Les principales villes sont :

1° Dans le département d'ALGER : *Alger* (60 000 hab.),

Tripoli.

capitale du gouvernement général, et belle ville maritime, sur la Méditerranée; *Blidah*, dans une position délicieuse, au pied de l'Atlas.

2° Dans le département d'ORAN : *Oran*, importante place forte et maritime; — *Mostaganem*, autre ville maritime; — *Tlemcen*, ancienne capitale d'un royaume de même nom.

3° Dans le département de CONSTANTINE : *Constantine* (ancienne *Cirta*), sur le Rummel, dans une position très-forte; — *Bougie*, port de mer et place forte, vers l'embouchure de l'Ouad-Sâhel dans le golfe de Bougie; — *Philippeville*, port très-fréquenté, sur le golfe de Stora; — *Bône* (anciennement *Hippone-Royal*), avec un beau port, sur le golfe de même nom, à l'embouchure de la Seïbouse.

L'empire de **Maroc**, placé à l'extrémité N. O. de l'Afrique, en face de l'Espagne, et baigné à la fois par la Méditerranée, le détroit de Gibraltar et l'Atlantique, est un pays admirablement placé et d'une extrême fertilité. La capitale est *Maroc* (80 000 hab.). Les autres villes sont : *Fez* (100 000 hab.), *Méquinez*, dans l'intérieur; *Tanger*, *Mogador*, sur l'Atlantique. — Les Espagnols y ont *Ceuta* et quelques autres places maritimes.

Le **Sahara**, ou **Grand Désert**, s'étend au loin dans l'intérieur du continent, au S. de la Barbarie, depuis l'Égypte et la Nubie jusqu'à l'océan Atlantique, où l'on remarque les caps *Blanc* et *Bojador*. Il a, de l'E. à l'O., une longueur presque égale à celle de l'Europe. Il se compose, en partie, de vastes plaines arides, à travers lesquelles se présentent çà et là des oasis, entre autres celles de *Touât* et d'*Ahir* ou *Asben*. Un des produits de cette contrée est la gomme arabique.

Parmi les peuples du Sahara, un des principaux est celui des *Touareg*, d'origine berbère.

On applique le nom de désert de *Libye* à la partie la plus orientale du Sahara, qui comprend à peu près l'ancienne *Libye intérieure*, habitée par les *Gétules* et les *Garamantes*.

M. Duvergier, français, est un des voyageurs récents qui ont fait le mieux connaître cette grande région.

Tanger.

Afrique occidentale, méridionale et sud-est.

La **Sénégambie**, qui doit son nom aux deux fleuves principaux qui l'arrosent, le *Sénégal* et la *Gambie*, est la partie la plus occidentale de l'Afrique.

Le cap *Vert*, qui la termine à l'O., est le point le plus occidental de l'Ancien continent.

La Sénégambie est fertile; il y a d'épaisses forêts, formées de palmiers, de tamariniers, de papayers, de citronniers, d'orangers, de sycomores, de baobabs (les plus gros arbres du monde), de bombax, de chis ou arbres à beurre, qui donnent une matière semblable au beurre. Les acacias-gommiers sont communs, surtout dans le N., où le commerce de la gomme est très-considérable. L'arachide, qui donne une huile abondante, est aussi une production très-importante de ce pays.

Trois nations européennes, les *Français*, les *Anglais* et les *Portugais*, ont des possessions dans la Sénégambie.

Les Français possèdent la plupart de leurs établissements sur les bords du Sénégal. Leur chef-lieu est *Saint-Louis*, sur une île de ce fleuve, près de son embouchure. — Une de leurs principales positions maritimes est l'île de *Gorée*, près et au S. du cap Vert.

Les Anglais ont quelques établissements sur la Gambie.

Les Portugais se sont établis au S.

Les *Foula* sont une belle nation, d'un rouge noirâtre.

Les *Volofs* et les *Mandingues* sont parmi les principaux peuples nègres de ce pays.

La **Guinée supérieure** s'étend le long de la côte septentrionale du golfe de Guinée. On y remarque : la côte de *Sierra-Leone*, qui appartient aux Anglais; — la côte des *Graines* ou du *Poivre*, où se trouve la petite république nègre de *Liberia*, fondée par les Américains pour les nègres affranchis; — la côte d'*Ivoire* ou des *Dents*, où la France a eu des établissements; — la côte d'*Or*, où se trouvent l'empire d'*Achanti* et des possessions anglaises; — la côte des *Esclaves*, comprise dans le royaume de *Dahomeh*; — la côte de *Bénin*, avec une grande ville de même nom ; — la côte de *Calabar* ; — celle de *Gabon*, où la France a un établissement.

Dans l'intérieur, se trouve la grande ville d'*Abbéokuta* (100 000 hab.).

La **Guinée inférieure**, située au S. E. de la Guinée supérieure, renferme le royaume de *Congo*, dont la capitale est *San-Salvador* ; la colonie portugaise d'*Angola*, dont la capitale est *Saint-Paul-de-Loanda*.

L'**Ovampie**, pays encore peu connu, est située au S. de la Guinée inférieure, aussi sur l'Atlantique. On l'a appelée ainsi à cause de l'un de ses principaux peuples, les *Ovampo*.

La **Hottentotie**, ou le pays des **Hottentots indépendants**, est une assez grande contrée, séparée de la colonie du Cap par le fleuve Orange ou Gariep, et baignée à l'O. par l'Atlantique.

Sur la limite de l'Atlantique et de l'océan Indien, est la colonie anglaise du **Cap**, région fertile et salubre, avantageusement placée à l'extrémité méridionale de l'Afrique, et terminée au S. O. par le célèbre cap de Bonne-Espérance, auquel elle doit son nom. Ce cap fut découvert en 1486, par le Portugais Barthélemi Diaz, que le manque de vivres et les mauvais temps empêchèrent d'avancer beaucoup plus loin ; aussi fut-il d'abord appelé cap des *Tempêtes* ou des *Tourmentes ;* mais bientôt on lui donna le nom de Bonne-Espérance parce qu'il offrait une route nouvelle pour aller aux Indes. Vasco de Gama, autre navigateur portugais, le doubla en 1497, et arriva en Asie par cette voie. On vit alors, pour la première fois, des vaisseaux européens dans l'océan Indien.

Les pays de la côte S. E. de l'Afrique, sur cet océan, sont les suivants :

1° La **Cafrerie** est située entre la colonie du Cap, la Hottentotie, le Mozambique et l'Ovampie. On la divise en deux parties : la *Cafrerie maritime*, au milieu de laquelle les An-

Construction de huttes vers le Zambèze.

glais ont la province de *Natal*, avec un port de même nom ; — et la *Cafrerie intérieure*, encore peu connue.

Le *Zambèze* ou *Liambây*, dont le cours a été surtout exploré par l'illustre voyageur Livingstone, arrose ce pays au N., et y forme la magnifique cataracte de Victoria.

C'est dans le N. E. de la Cafrerie que se trouvait l'empire du *Monomotapa*, aujourd'hui détruit.

Il y a, dans le S., un assez grand nombre de *Boers*, anciens colons hollandais, devenus des guerriers nomades. Ils ont fondé deux républiques : celle du **Fleuve-Orange** et celle du **Trans-Vaal**, ainsi nommée du *Vaal*, affluent du fleuve Orange.

2° La province portugaise de **Mozambique**, située en face de l'île de Madagascar, dont elle est séparée par le canal de Mozambique, est traversée par le Zambèze.

Les indigènes sont, les uns d'origine cafre, les autres des nègres proprement dits. La capitale est *Mozambique*.

L'ivoire est un des principaux objets de commerce.

3° Le **Zanguebar** est un long pays situé au N. du Mozambique et traversé par l'équateur. Parmi les villes principales, on remarque *Zanzibar*, dans l'île de même nom, résidence d'un sultan arabe, qui a sous sa souveraineté presque toute la côte de Zanguebar. — On rencontre, au N. de l'île de Zanzibar, l'île de *Mombaza*, qui a un port renommé. — La population du Zanguebar est un mélange d'Arabes et de nègres. — L'ivoire est aussi un des principaux objets de commerce de ce pays.

Afrique centrale.

On remarque, dans le centre de l'Afrique, la grande région qu'on nomme *Nigritie*, et qui se divise en deux parties.

1° La première est la **Nigritie septentrionale** ou proprement dite, qu'on appelle aussi **Takrour**, **Soudan** ou plutôt **Beled-es-Soudan** (pays des nègres), et qui se divise en un grand nombre de royaumes et de pays. Tels sont :

A l'O., le pays des *Bambara* ; — l'État et la ville de *Tombouctou* (ou mieux *Ten-Bohtou*), siège d'un grand commerce. Le premier Européen qui ait donné des renseignements certains sur cette célèbre ville est Caillié, qui la visita en 1828 ;

le docteur Barth l'a vue à son tour en 1853, lors de son mé morable voyage dans une grande partie du Soudan.

Au milieu : le *Haoussa*, vaste et industrieux pays, avec les villes de *Sokatou*, de *Vourno*, et de *Kano*, le plus grand marché de l'Afrique centrale ; — le *Boléra*, avec la grande ville de *Yakoba*, peuplée de 150 000 habit. ; — l'empire de *Bournou* (capitale *Kouka*), et les royaumes de *Baghirmi* et de *Kanem*, vers le lac Tchad.

Le royaume d'*Adamaoua*, au S. ; — le *Ouaday*, *le Darfour*, à l'E. ; — le *Kordofan*, situé aussi à l'E., et compris dans les possessions du vice-roi d'Égypte.

Les pays des *Dinka*, des *Chelouk*, des *Nouerr*, des *Barri* et des *Berri*, vers le Nil Blanc, qu'ont visités les voyageurs d'Arnaud, Lejean, Keuglin, Mlle Tinné, etc.

On donne vaguement le nom de *Nyam-Nyam* à des populations peu connues qui habitent à l'O. du Nil Blanc et qu'on a accusées, à tort, paraît-il, d'être anthropophages.

2° La **Nigritie méridionale** est la région la moins connue de l'Afrique. Vers sa partie orientale, s'élèvent les monts *Kénia* et *Kilima-Ndjaro*, qui sont peut-être les *montagnes de la Lune* des anciens géographes. L'Anglais Speke a récemment découvert, dans le nord de cette contrée, sur les confins du Soudan, le lac *Oukérévé* ou *Victoria*; et un autre Anglais, Baker, y a visité le lac *Mvoutan-Nzighé* ou *Albert*. Le *Nil Blanc* sort du premier pour entrer dans le second, d'où il s'échappe enfin au N. ; mais il vient peut-être, suivant l'opinion du grand voyageur Livingstone, de lacs plus méridionaux (Bangouéolo, Moéro, etc.), entre 5° et 10° de latitude S. Le *Tanganyika*, entre 3° et 8° de latit. S., est un long lac de la même région, sans écoulement connu. Plus au S., est le lac *Nyassa*, sur les frontières du Mozambique, dans le bassin du Zambèze.

L'*Ouniamouési*, la région des *Masaï*, le *Cazembe*, le *Djaga*, le *Lunda* ou *Aloua*, sont les principaux pays de la Nigritie méridionale. Les habitants sont tous de race nègre.

HABITANTS DE L'AFRIQUE.

On ne sait guère combien d'habitants renferme l'Afrique ; on croit qu'il n'y en a pas moins de 100 millions.

Quoique ceux du nord appartiennent à la race blanche, ils sont en général fortement bronzés par l'action d'un soleil ardent, et quelques-uns même ont un teint à peu près noir, mais ils ont la physionomie des blancs : tels sont les Berbères (auxquels appartiennent les Kabyles et les Touareg) ; les Coptes ou Égyptiens proprement dits, les Nubiens, les Abyssins ou Éthiopiens, les Somâli. Plusieurs peuples étrangers sont venus s'y mêler aux indigènes africains : on remarque, entre autres, des Turcs et surtout des Arabes ; il y a aussi, depuis la conquête d'Alger, un assez grand nombre d'Européens, et particulièrement des Français.

Les Fellata et les Galla, peuples considérables, répandus dans les parties moyennes, ont le teint brun et rougeâtre ; ils sont comme la transition entre la race blanche et la race nègre.

Les nègres, au front déprimé, aux joues proéminentes, au nez large et épaté, aux cheveux laineux, occupent la plus grande partie de l'Afrique moyenne. — Les *Cafres*, bien faits, au teint d'un gris d'ardoise, à la physionomie intelligente, et les *Hottentots*, qui ont une couleur bistre ou d'un jaune brun, habitent le sud de l'Afrique. On les a souvent placés dans la race nègre, mais ils s'en distinguent assez pour former des races à part.

Beaucoup d'Anglais, de Hollandais et de Portugais se sont établis dans la région du S., et les Arabes s'étendent assez loin sur la côte orientale.

Les Madécasses ou Malgaches, peuple basané qui habite Madagascar, paraissent faire partie de la race malaise.

ILES AFRICAINES.

Iles africaines de l'Atlantique. — 1° Les îles *Açores* (au Portugal) sont fertiles en excellents fruits (oranges surtout), mais exposées aux tremblements de terre. Les principales sont *Tercère* et *Saint-Michel*.

2° Les îles *Madère* (aussi au Portugal) ont pour île principale *Madère*, renommée par son vin.

3° Les *Canaries* appartiennent aux Espagnols. La plus considérable est *Ténérife*, célèbre par son haut pic volcanique ; la seconde est *Canarie* ou la *Grande-Canarie*. La plus occidentale est l'île de *Fer*, fameuse parce que son méridien a été choisi par plusieurs nations comme le premier pour le calcul de la longitude.

4° Les îles du *Cap-Vert* (aux Portugais) sont malsaines et exposées à de funestes sécheresses. *Santiago* est la plus grande.

5° La petite île de *Gorée*, près du cap Vert, appartient aux Français.

6° *Fernan-do-Po*, aux Espagnols, se trouve dans le golfe de Guinée.

7° L'île du *Prince* et celle de *Saint-Thomas* (aux Portugais) sont dans le même golfe.

8° *Annobon*, située au S. des trois précédentes, dépend des Espagnols.

9° L'*Ascension*, aux Anglais, a un bon port.

10° *Sainte-Hélène*, dépendante aussi de l'Angleterre, est célèbre par l'exil et la mort de Napoléon Iᵉʳ.

11° Le groupe de *Tristan da Cunha*, fort reculé vers le S., est habité par une colonie anglaise.

Iles africaines de l'océan Indien. — 1° La grande île de *Madagascar* ou *Malgache* s'allonge du N. E. au S. O. Elle a de hautes montagnes dans son intérieur et des côtes basses et malsaines, mais d'une fertilité prodigieuse. Les *Hova* y sont le peuple dominant ; leur capitale est *Tananarivou*, vers le centre de l'île.

2° L'île de *Sainte-Marie*, aux Français, se trouve très-près et à l'E. de Madagascar. *Nossi-Bé* et *Nossi-Komba*, petites îles qui appartiennent aussi à la France, sont sur la côte N. O. de la même contrée.

3° L'île de la *Réunion* (ci-devant *Bourbon*), belle île française, a pour chef-lieu *Saint-Denis*.

4° *Maurice* (ci-devant *île de France*) est une autre précieuse colonie, autrefois aux Français, maintenant à l'Angleterre ; chef-lieu, *Port-Louis*, grande ville de 70 000 hab.

5° L'île *Rodrigue* appartient aussi à l'Angleterre.

(Ces trois dernières composent les îles *Mascareignes*.)

6° Les îles *Comores*, dont les principales sont la *Grande Comore*, *Anjouan* et *Mayotte*, se trouvent dans le N. du canal de Mozambique. Les deux premières appartiennent à des princes arabes ; Mayotte dépend de la France.

7° *Zanzibar* et *Mombaza* sont soumises au sultan de Zanzibar.

8° Les îles *Séchelles* dépendent des Anglais.

9° L'île *Socotora* ou *Socotra*, située vers la pointe orientale de l'Afrique, appartient à un prince arabe.

10° La terre de *Kerguelen* ou de la *Désolation* est une île froide et inhabitée, placée bien loin au S. E. de l'Afrique, par 50° de latitude S. et 68° de longitude E.

(Pour la géogr. anc. de l'Afrique, voy. un chap. à la fin du volume.)

AMÉRIQUE

—

DESCRIPTION PHYSIQUE GÉNÉRALE.

Découverte ; limites. forme. étendue. mers ; expéditions arctiques en Amérique. — Les parties boréales de l'Amérique furent découvertes au dixième siècle par les Scandinaves, qui appelèrent *Groenland* et *Vinland* les contrées où ils abordèrent. Les parties équinoxiales le furent en 1492, par Colomb, qui crut arriver aux terres des Indes d'Asie les plus avancées à l'E. ; cependant le nouveau monde a pris le nom d'un Florentin, Améric Vespuce, qui ne le vit qu'après l'illustre Génois (peut-être en 1497). Jean et Sébastien Cabot, Vénitiens, abordèrent sur la côte orientale de l'Amérique du Nord dès 1494.

L'Amérique s'allonge du N. au S., l'espace de plus de 15 000 kilomètres, entre l'Atlantique, à l'E., et le grand Océan ou océan Pacifique, à l'O., et se termine au S. par le cap Horn. Au N., elle est baignée par l'océan Glacial, où se trouvent plusieurs terres encore très-imparfaitement explorées.

Cette contrée s'arrête vers le S. à 56° de latitude méridionale, et a été visitée au N. jusqu'à 82° de latitude N. ; elle est comprise entre 20° et 171° de longitude O.

Avec ses îles, l'Amérique est la plus grande partie du monde. Elle se rétrécit beaucoup vers le milieu, où sa portion la plus étroite n'a que 45 kilomètres de largeur et forme le double isthme de *Panama* et de *Darien*. Ce qui se trouve au N. de cet isthme est l'*Amérique septentrionale :* ce qui est au S. forme l'*Amérique méridionale*. A l'E., s'étend le vaste archipel des *Antilles*.

Les côtes de l'Amérique septentrionale sont très-irrégulières ; mais celles de l'Amérique méridionale sont presque partout uniformes.

On voit pénétrer dans les terres de l'Amérique septentrionale, vers le N. et le N. E., du côté de l'océan Glacial et de l'Atlantique, la mer de *Baffin*, les détroits de *Smith* et de *Kennedy ;* — la mer *Polaire de Kane*, ainsi nommée d'un voyageur américain qui, après un long trajet sur des espaces glacés, est arrivé au bord d'une mer libre de glaces, vers 82° de latitude, comme y est parvenu depuis son compatriote Hayes ; — le détroit de *Davis*, la mer d'*Hudson*, qui doivent leurs noms à des voyageurs de la fin du xvie siècle et du commencement du xviie ; — les détroits de *Lancastre* et de *Barrow*, le bassin de *Melville*, le détroit de *Banks* (qui est le *passage nord-ouest*, à la recherche duquel a péri dans les glaces l'illustre John Franklin, et qui a été découvert par le capitaine Mac-Clure en 1853). — Sur la côte orientale, est le golfe *Saint-Laurent ;* — entre les deux Amériques, s'ouvre un vaste enfoncement, qui s'appelle, au N., *golfe du Mexique*, et, au S., *mer des Antilles*.

Du côté du grand Océan, on voit le golfe de *Panama ;* puis le long golfe de *Californie*, appelé aussi mer *Vermeille* ou de *Cortez*, et, beaucoup plus loin vers le N., la mer de *Beering*, au N. de laquelle est le détroit de même nom, placé entre la pointe N. O. de l'Amérique et la pointe N. E. de l'Asie. Cette mer et ce détroit ont été ainsi appelés du voyageur Beering, qui les visita en 1728.

Dans l'Amérique méridionale, les seuls enfoncements dignes de remarque sont les golfes de *Guayaquil* et de *Guaiteca*, sur la côte O. On rencontre au S. le long et sinueux détroit de *Magellan*, situé entre la *Terre de Feu* et le continent, et ainsi nommé du navigateur Magellan, qui le parcourut en 1520, dans le premier voyage autour du monde.

Presqu'îles, caps et îles. — On remarque, sur la côte orientale de l'Amérique du N., les presqu'îles du *Labrador*, de la *Nouvelle-Écosse* ou *Acadie*, de la *Floride* et de l'*Yu-*

catan : — à l'O., les presqu'îles de *Californie* et d'*Alaska.*

Le cap le plus oriental de la partie continentale de l'Amérique du Nord est le cap *Charles*, dans le Labrador, et le plus avancé à l'O. est le cap *Occidental* ou du *Prince de Galles*, sur le détroit de Beering. Le cap *Farewell* forme l'extrémité S. du Groenland.

L'Amérique du S. a quatre caps célèbres vers les points cardinaux : au N., est le cap *Gallinas ;* à l'E., le cap *Blanc du Brésil ;* à l'O., le cap *Parina ;* au S., le cap *Horn.* Ce dernier, découvert par Schouten et Lemaire en 1616, n'est pas sur le continent : il appartient à l'archipel de la *Terre de Feu ;* l'extrémité continentale de l'Amérique vers le S. est réellement le cap *Froward*, sur le détroit de Magellan. Il faut aussi remarquer, vers l'extrémité E. de l'Amérique du Sud, le cap *St-Roch*, et vers l'extrémité O., le cap *Blanc du Pérou.*

Le grand archipel des *Antilles*, près de la partie moyenne de l'Amérique, forme une longue chaîne sinueuse depuis la Floride jusqu'à l'Amérique du Sud. Il comprend les îles *Lucayes* ou *Bahama, Cuba, Haïti, Puerto-Rico*, la *Jamaïque*, la *Guadeloupe*, la *Martinique*, etc. — Plus au N., sont, dans l'Atlantique, les *Bermudes*, *Terre-Neuve*, et le banc de même nom, célèbre par la pêche de la morue ; l'île *Royale* ou de *Cap-Breton*, l'île *Saint-Jean* ou du *Prince-Édouard.*

Plus au N. encore, on voit, enveloppées par les eaux confondues de l'Atlantique et de l'océan Glacial, les terres très-froides du *Groenland*, dont on ne connaît pas les limites boréales, et l'*Islande*, qu'on rattache quelquefois à l'Europe.

L'île de *Jean Mayen* et l'archipel glacé du *Spitzberg* se trouvent à l'E. du Groenland, tandis qu'à l'O. de cette grande terre s'étend un dédale d'îles et de presqu'îles très-peu connues, qui forme au loin vers le N. le prolongement de l'Amérique. Ce sont les presqu'îles *Melville* et *Boothia*, les terres de *Baffin* et de *Cumberland ;* l'île *Southampton*, la *Terre Victoria*, la *Terre de Banks*, jointe à l'île de *Baring ;* l'archipel *Parry*, dans lequel est l'île *Melville*, etc. Ces terres ont été, la plupart, découvertes dans ce siècle par John et James Ross, Parry et autres navigateurs anglais.

A l'E. de l'Amérique méridionale, les seules îles remarquables sont les îles *Malouines* ou *Falkland.*

A l'O. de l'Amérique septentrionale, on trouve, dans le grand Océan, la chaîne des îles *Aléoutiennes*, l'archipel du *Roi George III*, l'île de la *Reine Charlotte*, l'île de *Vancouver*.

A l'O. de l'Amérique méridionale, on remarque les îles *Galapagos* ou des *Tortues*, les îles *Juan Fernandez*, et, tout près du continent, la grande île de *Chiloé* et l'archipel de la *Mère de Dieu*. — Nous avons déjà parlé de la *Terre de Feu*, située vers l'extrémité S. du continent américain. — Beaucoup plus au S., dans l'océan Glacial antarctique, se présentent les îles glacées qu'on appelle *Nouveau-Shetland méridional*, *Orcades méridionales*, *Terre de Graham*, *Terre de Louis-Philippe*, *Terre de Joinville*, etc.

Aspect général, montagnes, plateaux, plaines et climat. — L'Amérique a de très-grandes chaînes de montagnes, et se relève considérablement à l'O., où elle offre un immense bourrelet le long du grand Océan, dont la côte est haute et régulière. La principale chaîne est celle qui parcourt le continent dans toute sa longueur; elle porte le nom de monts *Rocheux*, au N.; elle forme ensuite la double *Cordillère du Mexique*, la *Cordillère de l'Amérique centrale* et la *Cordillère des Andes*, dans l'Amérique du S. De toutes ces montagnes, les Andes sont les plus élevées; leurs sommets les plus hauts sont l'*Aconcagua* (point culminant, 6800 m.), le *Chimborazo*, les pics d'*Illimani* et de *Sorata*: elles ont de nombreux volcans, dont le plus redoutable est le *Cotopaxi*. Les plus hautes cimes ensuite sont dans le Mexique, où le mont *Popocatepetl* a 5400 mètres. — Le voyageur qui a le premier fait bien connaître les Cordillères est Alex. de Humboldt, qui commença en 1799 ses célèbres voyages en Amérique.

On remarque, en outre, la *Sierra Nevada*, où se trouvent de riches mines d'or et d'argent, dans l'O. de l'Amérique du Nord; — les monts *Alleghany* ou *Apalaches*, disposés en plusieurs rangées parallèles, dans l'E. de la même Amérique; — la *Sierra Pacaraima*, dans le N. E. de l'Amérique du Sud; — la *Serra do Espinhaço*, dans le S. E.

Au milieu des grandes chaînes des montagnes américaines, se trouvent de vastes plateaux, qui ont généralement une température plus douce et plus saine que celle des côtes. On remarque surtout dans l'Amérique du Nord le plateau d'*Ana-huac*, au Mexique; le plateau du *Grand Bassin*, entre les monts Rocheux et la Sierra Nevada, et, dans l'Amérique du Sud, le plateau de *Bogota*, le plateau de *Pasto*, ceux des Andes de l'*Équateur* et du *Pérou*, celui du *Titicaca*, etc.

Le Chimborazo.

L'Amérique est remarquable aussi par ses vastes plaines, qui s'étendent à l'E. des chaînes principales, et qui portent souvent le nom de *savanes* dans l'Amérique du N., et ceux de *llanos* et de *pampas* dans l'Amérique du S.

Indépendamment des volcans des Andes, il y en a un grand nombre dans le Mexique, l'Amérique centrale et les Antilles. Les tremblements de terre sont fréquents et terribles dans ces contrées et dans l'Amérique du Sud.

Il y a dans le nouveau continent d'épaisses forêts et des prairies très-étendues. Le climat est extrêmement froid au N. (quelquefois plus de 50° au-dessous de zéro); il est froid aussi vers la partie la plus méridionale, mais fort chaud dans les régions du milieu. Ces régions éprouvent des pluies périodiques, et sont d'une grande fertilité. En général, la température y est moins élevée qu'en Afrique, à latitude égale. Elle n'y est pas saine sur les côtes, surtout celles de l'E., qui sont exposées à des maladies graves, comme la fièvre jaune, trop fréquente particulièrement sur les rivages du golfe du Mexique. Dans l'Amérique du Nord, la température est plus égale sur la côte de l'O. que dans les parties orientales, où règnent des extrêmes de chaud et de froid. De grandes tempêtes assiégent les parages du cap Horn.

Fleuves. — L'Amérique est divisée en deux versants : l'un N. E. et oriental, incliné vers l'océan Glacial et l'océan Atlantique ; l'autre occidental, incliné vers le grand Océan.

DANS L'AMÉRIQUE SEPTENTRIONALE. — Beaucoup de fleuves coulent sur le versant du N. E. et de l'E.

Le *Mackenzie*, le fleuve de la *Mine de cuivre* et le *Back* se rendent dans l'océan Glacial.

Le *Missinnipi* ou *Churchill* se jette dans la mer d'Hudson.

Le *Saint-Laurent*, servant d'écoulement à de grands lacs que nous verrons tout à l'heure, entre, par une large embouchure, dans le golfe auquel il donne son nom.

L'*Hudson* et le *Potomac* coulent à l'E. des monts Alleghany, et se jettent dans l'océan Atlantique.

Le *Mississipi* est un fleuve long de 4500 kilomètres, qui va tomber dans le golfe du Mexique par plusieurs embouchures, qui ont déposé de vastes atterrissements formant dans la mer une langue de terre très-avancée. Il reçoit le *Missouri*, qui a 5000 kilomètres de cours ; cette grande rivière et la partie inférieure du Mississipi composent un seul cours d'eau, de plus de 7000 kilomètres. C'est le plus long fleuve du globe. Un autre affluent très-important du Mississipi est l'*Ohio*. — Ce sont les Français Joliet, Marquette et La Salle qui, au XVIIe siècle, ont découvert le cours du Mississipi, appelé d'abord fleuve de Saint-Louis.

Le *rio Grande del Norte* se jette aussi dans le golfe du Mexique.

L'Amérique septentrionale envoie au Grand océan : le *Columbia* ou *Orégon* ; le *rio Colorado*, qui se jette dans le golfe de Californie ; le *Fraser* et le *Sacramento*, célèbres par les mines d'or qui se trouvent vers leurs bords, et le *Youkon*, peu connu, qui se rend dans la mer de Beering.

DANS L'AMÉRIQUE MÉRIDIONALE. — La *Madeleine* ou *Magdalena* se jette dans la mer des Antilles. — L'océan Atlantique reçoit : l'*Orénoque*, qui dessine un vaste contour et a un delta très-étendu ; — l'*Esséquébo* ; — l'immense fleuve des *Amazones*, appelé simplement aussi l'*Amazone*, quelquefois *Marañon*, et qui se grossit du *rio Madeira* ; — le *Tocantins* ; — le *Sao-Francisco*, qui forme la magnifique cataracte de *Paulo-Affonso* ; — le *rio de la Plata*, fleuve très-large, qui est formé par la réunion du *Parana* et de l'*Uruguay* ; le Parana se grossit lui-même du *Paraguay*.

Cataracte du Niagara.

Il n'y a aucun grand fleuve sur le versant de l'ouest.

Le principal de tous ces fleuves de l'Amérique méridionale

est l'Amazone, qui a environ 5000 kil. de longueur; c'est le fleuve le plus large du globe. Il a à son embouchure jusqu'à 300 kilomètres.

Lacs. — L'Amérique est la partie du monde où l'on trouve le plus de lacs. Il y en a surtout beaucoup à l'O. et au S. de la mer d'Hudson.

DANS L'AMÉRIQUE SEPTENTRIONALE. — Le lac des *Montagnes*, le lac de l'*Esclave* et celui du *Grand-Ours* s'écoulent dans l'océan Glacial par le Mackenzie. — Le lac *Ouinipeg* verse ses eaux dans la mer d'Hudson. — Le fleuve Saint-Laurent sert d'écoulement aux cinq grands lacs *Ontario*, *Érié*, *Huron*, *Michigan* et *Supérieur*, qui sont le théâtre d'une active navigation. Ce dernier est le plus grand des lacs d'Amérique. Le lac Érié se verse dans le lac Ontario par la rivière *Niagara*, qui forme une des plus belles cataractes du globe. Le *Grand lac Salé* est sur le plateau qui sépare les monts Rocheux de la Sierra Nevada.

Dans la partie de l'Amérique resserrée entre la mer des Antilles et le grand Océan, on voit le lac de *Nicaragua*, dans lequel s'écoule celui de *Managua*, et qui verse ses eaux dans la mer des Antilles par la rivière *San-Juan*; on a le projet de le faire communiquer au grand Océan par un canal.

DANS L'AMÉRIQUE MÉRIDIONALE. — Le lac de *Maracaybo* est joint à la mer des Antilles par un assez large détroit.

Le lac *Titicaca* ou *Chucuyto*, à l'O., est sur un plateau des Andes et ne communique pas avec la mer.

Le lac *dos Patos*, sur la côte S. E., est près de l'Atlantique.

Productions. — Le sol américain est extrêmement riche en or et en argent; ces métaux abondent surtout dans la grande chaîne principale des deux Amériques et dans la Sierra Nevada. Il y a dans l'Amérique méridionale d'importantes mines de diamants (au Brésil), d'émeraudes, de topazes, de platine et de cuivre. Le mercure est commun dans la Californie et sur quelques autres points.

Le pétrole et la houille sont abondants vers les monts Alleghany. Il y a dans ces montagnes, ainsi que dans beaucoup d'autres portions de l'Amérique, de riches mines de fer.

La végétation américaine est très-variée et très-belle. Parmi les arbres des forêts du nord de l'Amérique, on peut citer le superbe magnolia, le tulipier, l'acacia, le sassafras ; des pins et des sapins, qui atteignent une prodigieuse hauteur ; des cèdres, des cyprès, etc.

Dans les parties équinoxiales, on voit le cotonnier, le cafier, la canne à sucre, le cacaoyer, l'indigotier, l'agavé, curieux par sa prompte croissance et ses nombreux usages ; le bananier, l'igname, le manioc ; la vanille, qui grimpe et s'entrelace autour des grands arbres ; les cactus ; de magnifiques palmiers ; les bois de teinture connus sous les noms de campêche et de brésil ; l'acajou, qui fournit un bois précieux pour l'ébénisterie ; le quinquina, dont l'écorce est un fébrifuge si renommé ; l'ipécacuanha et le jalap, autres plantes médicinales célèbres. L'Amérique est la patrie des pommes de terre et du tabac.

Les animaux domestiques de l'Europe ont été transportés en Amérique et s'y sont partout multipliés. Les chevaux et les bœufs se trouvent même à l'état sauvage en beaucoup d'endroits.

Les singes sont fort nombreux dans les parties équinoxiales.

Les quadrupèdes principaux des régions du N. sont les élans, les rennes, les ours, les bisons, les chats-bais ou chats-cerviers, les castors, les hermines, les martres, les renards, les loutres et d'autres animaux à fourrure. Dans les contrées chaudes, surtout dans la partie méridionale de la zone torride, on remarque le lama, la vigogne, l'alpaca, qui rappellent un peu, mais en petit, les chameaux de l'ancien monde ; le jaguar ou once, qui habite les forêts marécageuses ; le couguar ou tigre rouge.

Le condor, ou grand vautour des Andes, est, de tous les oiseaux, celui qui s'élève le plus haut dans les airs. Le roi des vautours, ou irubi, qui a un plumage agréablement varié, vit dans l'Amérique équinoxiale. Les régions équatoriales ou tempérées renferment encore les perroquets, parmi lesquels on distingue les aras, les plus grands et les plus magnifiques de tous ; les colibris, les oiseaux-mouches, si curieux par leurs vives couleurs et leur petitesse. — L'autruche américaine, ou le nandou, erre dans les plaines des parties méridionales.

De nombreux reptiles inspirent l'effroi par leur grosseur

ou par la subtilité de leur venin. On remarque surtout le serpent à sonnettes, dans l'Amérique septentrionale, et le crocodile nommé caïman ou alligator, dans toute la zone équinoxiale.

CONTRÉES DE L'AMÉRIQUE DU NORD.

L'Amérique du Nord comprend cinq divisions : le *Groenland*, l'*Amérique du Nord anglaise*, les *États-Unis*, le *Mexique* et l'*Amérique centrale*.

La plus boréale de ces divisions est le GROENLAND, c'est-à-dire, en danois, la *Terre verte*, nom dû à la teinte verte (produite par la mousse) que remarquèrent les premiers navigateurs qui l'aperçurent au X° siècle. C'est un pays très-froid et dont on ne connaît pas les limites au N., ni l'intérieur; il paraît composé de plusieurs grandes îles. Il y a, sur la côte occidentale, des colonies danoises, dont la pêche est le principal objet. Les indigènes sont les *Eskimaux* ou *Huskis,* peuple de très-petite taille.

A l'E. du Groenland, on trouve l'*Islande ;* on y voit aussi l'archipel du *Spitzberg,* qui est couvert de rochers et de glaces, et qu'on peut rattacher à l'Europe.

L'AMÉRIQUE DU NORD ANGLAISE, qu'on a aussi appelée NOUVELLE-BRETAGNE, s'étend depuis l'océan Atlantique jusqu'au grand Océan. Elle renferme, au N., beaucoup d'îles et de presqu'îles, qui sont très-peu connues à cause du froid extrême auquel elles sont exposées. A l'E., elle comprend l'important pays du *Canada,* qui a longtemps appartenu à la France; Jacques Cartier l'avait conquis sous François Ier, et l'appela *Nouvelle-France.* Champlain en fit une importante colonie au commencement du XVII° siècle. Aujourd'hui il appartient aux Anglais; mais les habitants du Bas-Canada, 'est-à-dire de la partie de l'est, ont conservé la langue et les mœurs françaises. Les villes principales sont *Ottawa,* la capitale ; *Québec* (60 000 hab.) et *Montréal* (120 000 hab.), sur le Saint-Laurent, beaucoup plus considérables que la capitale ; *Toronto,* sur le lac Ontario.

A l'E. encore, on remarque le *Nouveau-Brunswick* et la *Nouvelle-Écosse,* dont la capitale est *Halifax.* — Au N. E., s'avance le *Labrador,* entre la mer d'Hudson et l'Atlantique.

Les Eskimaux et d'autres peuples sauvages habitent le nord et le centre de l'Amérique du Nord anglaise.

A l'E. du Canada, devant le golfe de Saint-Laurent, se trouve la grande île de *Terre-Neuve*, qui dépend aussi des Anglais. On nomme *Grand Banc de Terre-Neuve* un banc de sable qui s'étend à l'E. et au S. de cette île, et qui est célèbre par la pêche de la morue.

Sur le grand Océan, est la *Colombie britannique*, dans laquelle on a découvert de riches mines d'or. En face, est l'île de *Vancouver*, colonie florissante, avec la ville de *Victoria*.

Le Canada, le Nouveau-Brunswick, la Nouvelle-Écosse, la Colombie britannique et une grande partie de l'intérieur de l'Amérique du Nord, sont réunis en une association politique qui prend le nom de *confédération Canadienne* (en anglais, *Dominion of Canada*).

La populat. de l'Amérique du Nord anglaise est de 4 millions.

Les ÉTATS-UNIS occupent le milieu de l'Amérique septentrionale, et s'étendent depuis l'océan Atlantique et le golfe du Mexique jusqu'au grand Océan. Ils constituent une république riche, puissante, la plus considérable de l'Amérique, et composée de trente-sept États et de dix territoires. La population est de 40 millions d'habitants, sur environ 8 millions de kilom. carrés.

En suivant la côte de l'océan Atlantique et ensuite celle du golfe du Mexique, on remarque, comme principaux États : le *Maine*, le *Massachusetts*, l'État de *New-York*, la *Pennsylvanie*, le *Maryland*, la *Virginie*, la *Caroline du Nord*, la *Caroline du Sud*, la *Géorgie*, la *Floride*, l'*Alabama*, le *Mississipi*, la *Louisiane* et le *Texas*.

Dans l'intérieur, on distingue les États d'*Ohio*, de *Kentucky*, de *Tennessee*, d'*Indiana*, d'*Illinois*, de *Missouri*, etc.

A l'O., sur la côte du grand Océan, on rencontre l'État de *Californie*, riche en mines d'or, et celui d'*Orégon*, où l'on trouve aussi beaucoup d'or ; celui de *Nevada*, à quelque distance de cette côte, est riche surtout en mines d'argent.

On voit encore, à l'O., le territoire du *Nouveau-Mexique* et celui d'*Utah*, habité par la secte des *Mormons*.

On parle anglais dans une grande partie des États-Unis, car les plus anciens de ces États ont été, dans l'origine, des colonies anglaises.

La capitale est *Washington* (110 000 h.), sur le Potomac.

La Nouvelle-Orléans.

Les autres villes les plus remarquables sont : à l'E., *Boston* (270 000 hab.) ; *New-York*, la plus grande ville d'Amérique (1 400 000 habitants, avec *Brooklyn*) ; *Philadelphie* (675 000 hab.) ; *Baltimore*, *Richmond*, *Charleston*, toutes vers l'océan Atlantique ; — au S., la *Nouvelle-Orléans* (190 000 hab.), dans la Louisiane, sur le Mississipi, près du golfe du Mexique ; — au centre, *Saint-Louis* (310 000 hab.), vers le confluent du Mississipi et du Missouri ; *Cincinnati* (220 000 h.) et *Louisville*, sur l'Ohio ; *Chicago* (350 000 h.), sur le lac Michigan ; — à l'O., *San-Francisco* (150 000 hab.), dans la Californie.

Les États-Unis possèdent, de plus, une contrée qu'ils ont acquise des Russes en 1867, et qui se trouve à l'extrémité N. O. de l'Amérique, sur le détroit et la mer de Beering : c'est ce qui composait la *Russie américaine* ou l'*Amérique russe*, et ce qu'on nomme aujourd'hui territoire d'*Alaska*. Les îles *Aléoutiennes*, habitées par les *Aléoutes*, et formant une longue chaîne qui se prolonge au S. O. de ce pays, jusque dans le voisinage de l'Asie, leur ont été cédées en même temps.

Le MEXIQUE est un beau pays, situé au sud des États-Unis, entre le golfe du Mexique et le grand Océan ; il est peu peuplé (9 millions d'hab.) en raison de son étendue et des richesses de son sol.

Il appartenait autrefois à l'Espagne, a été ensuite une république, s'est érigé en empire sous l'influence de la France, et a repris enfin un gouvernement républicain.

On y trouve les mines d'argent les plus riches du globe. Il y a aussi d'importantes mines d'or, et beaucoup d'acajou, de bois de teinture, de vanille, de cacao, de bananiers, de cochenille.

La capitale est *Mexico* (200 000 h.), belle ville, sur un plateau de l'intérieur. Autres villes principales : *Vera-Cruz* et *Campêche*, sur le golfe du Mexique ; *Puebla* et *Guadalajara*, dans l'intérieur.

La presqu'île de *Californie*, à l'O., et celle d'*Yucatan*, à l'E., sont comprises dans le Mexique. On remarque, dans cette dernière et dans d'autres parties du S. E. de la république, d'anciens monuments très-beaux et très-vastes, qui ont été construits par un peuple inconnu, longtemps avant la découverte de Colomb.

Une partie de l'Yucatan, à l'E., appartient au gouvernement britannique. C'est ce qu'on appelle l'*Yucatan anglais* ou le *Honduras anglais*. Le chef-lieu de cette colonie est *Balize*.

L'AMÉRIQUE CENTRALE est une contrée longue et étroite, renfermée entre le grand Océan et la mer des Antilles, et composée de cinq républiques : celle de *Guatémala*, la plus importante, avec une population d'un million d'habitants; — celles de *Honduras*, de *San-Salvador*, de *Nicaragua* et de *Costa-Rica*. — On y remarque la rivière *San-Juan*, qui s'écoule dans la mer des Antilles et qui sort de l'extrémité orientale du lac de *Nicaragua*. Ce lac reçoit au N. O. les eaux de celui de *Managua*, et ne se trouve qu'à 22 kilomètres du grand Océan, auquel on a le projet de l'unir par un canal.

Les villes principales sont : *Guatémala* (60 000 hab.), capitale de la république de Guatémala, près du grand Océan; — *Comayagua*, capitale du Honduras; — *San-Salvador* (40 000 hab.), capitale de l'État très-florissant de même nom; — *Managua*, capitale du Nicaragua; *Léon*, *Granada* et *Nicaragua* ou *Rivas*, dans la même république; *San-Juan del Norte* ou *Greytown*, encore dans le même État, à l'embouchure de la rivière San-Juan; — *San-José*, capitale de l'État de Costa-Rica.

Outre les cinq républiques, l'Amérique centrale comprend, à l'E., le peuple indigène des *Mosquitos*, qui a formé quelque temps un royaume sous la suzeraineté de l'Angleterre.

Les productions principales de l'Amérique centrale sont le café, le sucre, l'indigo, le coton, la vanille, des bois de teinture et d'ébénisterie, des baumes renommés, la salsepareille, la cochenille, des mines d'or et d'argent.

Ce pays a une population totale de 2 à 3 millions d'habit.

CONTRÉES DE L'AMÉRIQUE DU SUD.

L'Amérique du Sud comprend 12 contrées :

Une de ces contrées est baignée à la fois par le grand Océan et la mer des Antilles : c'est la république des ÉTATS-

UNIS DE COLOMBIE (auparavant NOUVELLE-GRENADE), ancienne colonie espagnole, qui rappelle les premières découvertes de Colomb sur la *Terre Ferme* américaine, et qui est en grande partie couverte par la *Cordillère des Andes ;* le fleuve principal est la *Madeleine* ou *Magdalena*, qui va au N. se jeter dans la mer des Antilles.

Il y a, sur les montagnes, des plateaux fertiles ; de très-belles vallées s'étendent au pied de la Cordillère. Dans l'E., se trouvent des plaines immenses, tantôt nues et stériles, tantôt fertiles et verdoyantes, suivant l'époque de la sécheresse et celle des pluies. On les appelle *llanos* (c'est-à-dire plaines, en espagnol).

L'or, le platine, le cacao, le café, le froment, le tabac, le coton, le quinquina, le caoutchouc, les bois de teinture, sont les productions principales de ce pays.

La confédération comprend, au N. O., l'*isthme de Panama*, qui est coupé par un chemin de fer et dont le prolongement au S. E. prend le nom d'*isthme de Darien*. On a le projet d'établir un canal interocéanique sur un point de ce long isthme.

Les États-Unis de Colombie, peuplés de 3 millions d'habitants, se composent de neuf États, et ont pour capitale *Santa-Fé de Bogota* (ou simplement *Bogota*), avec 50 000 habitants, sur un des plateaux les plus tempérés et les plus salubres de l'Amérique. Les autres villes principales sont : *Popayan, Antioquia*, dans l'intérieur ; *Carthagène des Indes, Sainte-Marthe, Chagres, Aspinwall* ou *Colon*, ports sur la mer des Antilles ; *Panama*, sur l'isthme et le golfe de même nom ; *San-Buenaventura*, port sur le grand Océan.

C'est entre Aspinwall et Panama que s'étend le chemin de fer de l'isthme.

Sur la mer des Antilles et sur l'océan Atlantique, se trouvent cinq contrées : le *Vénézuéla*, la *Guyane*, le *Brésil*, l'*Uruguay*, la *confédération Argentine*.

Le VÉNÉZUÉLA, ancienne colonie espagnole, aujourd'hui république, est composé de 13 États confédérés. Il est borné au N. par la mer des Antilles, au N. E. par l'Atlantique,

Sa côte présente le golfe de *Maracaybo*, près duquel s'étend un grand lac circulaire de même nom. Ce pays offre un mélange de montagnes et de plaines fertiles. Il est exposé à de violents tremblements de terre. L'*Orénoque* ou *Orinoco* l'arrose et s'y jette dans l'Atlantique par plusieurs embouchures.

Il y a des mines d'or et de bonnes récoltes de café, de coton, de cacao, de tabac, de canne à sucre, d'indigo, de manioc, de maïs ; on y élève beaucoup de bétail ; on y exploite des bois de teinture et d'ébénisterie, le caoutchouc, etc.

Le Vénézuéla est peuplé de 2 millions d'habitants, et a pour capitale *Caracas* (55 000 hab.), près de la mer des Antilles. Autres villes : *Maracaybo*, sur le détroit qui réunit le lac et le golfe de Maracaybo ; *Ciudad-Bolivar* (autrefois nommée *Angostura*), port commerçant, sur l'Orénoque ; cette dernière ville est dans la *Guyane vénézuélienne* (l'ancienne *Guyane espagnole*), qui occupe le S. du Vénézuéla.

La *Marguerite*, une des îles Antilles, dépend de cette république.

La GUYANE comprend : la *Guyane anglaise*, la *Guyane hollandaise*, la *Guyane française*. — Il y a, en outre, la *Guyane vénézuélienne* (ci-devant *espagnole*), dans le S. du Vénézuéla, et la *Guyane brésilienne* (ci-devant *portugaise*), dans le N. du Brésil.

La **Guyane anglaise** est à l'E. du Vénézuéla ; l'*Esséquébo*, le *Demerara* et la *Berbice* l'arrosent. C'est, de toutes les Guyanes, la plus peuplée et la plus florissante. Elle a 150 000 habitants. Il y a de riches plantations de canne à sucre, de café, de coton, d'indigo, de tabac. *Georgetown* ou *Demerara*, ville de 37 000 âmes, à l'embouchure du Demerara, en est le chef-lieu.

La **Guyane hollandaise** (65 000 hab.) est entre la Guyane anglaise et la Guyane française. Le *Surinam* l'arrose du S. au N., et offre des bords riches et bien cultivés en coton, sucre, café, etc. C'est vers son embouchure qu'est situé le chef-lieu de la colonie, *Paramaribo*, belle ville de 20 000 habitants.

La **Guyane française** est séparée, à l'O., de la Guyane hollandaise par le *Maroni*, et elle touche, vers le S., à la Guyane brésilienne, vers laquelle sa limite n'est pas bien déterminée ; il y a un vaste territoire contesté. La population (sans les indigènes) est de 18 000 habitants, dont la plupart sont des gens de couleur. Les côtes sont plates et bordées de forêts de mangliers ; les forêts de grands arbres ne commencent qu'à 80 kilomètres de la côte. Le climat n'est pas malsain, si ce n'est de novembre à juin, dans la saison des pluies, comme dans toutes les régions tropicales. On y cultive la canne à sucre, le coton, le cacao, la cannelle, le poivre, le girofle, le manioc, l'igname, le maïs, les bananes.

Le chef-lieu est *Cayenne*, petite ville et port de mer, sur l'île de même nom.

Le BRÉSIL, empire très-vaste, et l'un des pays les plus riches du monde en toutes sortes de productions, occupe le centre et l'E. de l'Amérique méridionale. Il a longtemps appartenu au Portugal.

Cette grande contrée équivaut à plus des trois quarts de l'Europe, et pourtant ne renferme que 11 millions d'habitants. On peut la diviser en deux grandes régions naturelles, celle du N. et celle du S.. La première se compose de vastes plaines marécageuses et chaudes, couvertes d'épaisses forêts (où abonde le caoutchouc), et inondées par les eaux de l'immense fleuve des *Amazones*, par celles de ses nombreux affluents et par le *Tocantins*, qui a, comme l'Amazone, son embouchure sous l'équateur. — La seconde, moins chaude, plus salubre, montagneuse sur plusieurs points, est arrosée par le *São-Francisco*, le *Parana* et le *Paraguay* : elle produit en abondance du coton, du tabac, du sucre, du café, du cacao, de l'indigo, de l'ipécacuanha, et du *brésil* ou brésillet, bois de teinture rouge, qui a donné son nom au pays.

Le Brésil a d'importantes mines d'or, d'argent, de platine, de diamants, de topazes, etc.

Il est partagé en 20 provinces, dont voici les principales :

Au N., celle de *Para*, qui comprend la *Guyane brésilienne* ou *portugaise*, et où l'on remarque la ville de *Para* ou *Belem*, près de l'embouchure du Tocantins.

A l'E., la province de *Maranham*, dont le chef-lieu est *Saint-Louis de Maranham*; — la province de *Pernambouc*, avec la ville de *Recife* ou *Pernambouc* (60 000 hab.); — la province de *Bahia*, qui tire son nom de la baie (*bahia*) de *Tous-les-Saints*, et qui a pour chef-lieu la grande et florissante ville de *São-Salvador* ou *Bahia* (160 000 hab.); — la province de *Rio-de-Janeiro*, qui doit son nom à une belle baie sur laquelle est la ville de *Rio-de-Janeiro*, capitale du Brésil, peuplée de 400 000 habitants.

Au centre, la province de *Minas-Geraes*, célèbre par ses mines de diamants, d'or, etc.; — et la province de *Goyaz*.

A l'O., la grande province, presque déserte, de *Mato-Grosso*.

Au S., la province de *Saint-Paul*, avec la florissante ville de même nom; — la province de *Sainte-Catherine*, qui tire son nom d'une belle île qu'elle renferme; — enfin la province de *Rio-Grande do Sul*.

Il y a dans le Brésil un assez grand nombre d'Indiens, appartenant la plupart à la grande famille des *Guaranis*.

L'esclavage des nègres a été longtemps en vigueur dans cet empire; il vient d'être aboli.

La république de l'URUGUAY, placée à l'E. de la rivière Uruguay et au N. du rio de la Plata, est une ancienne colonie espagnole. Elle renferme 350 000 âmes.

C'est un pays fertile, surtout en pâturages, et sa richesse principale consiste en bœufs et en chevaux, dont il y a d'innombrables troupeaux.

Montévidéo, ville de 60 000 habitants, sur la rive N. du rio de la Plata, est la capitale.

La CONFÉDÉRATION ARGENTINE [1], ou confédération de LA PLATA, est une ancienne colonie espagnole, très-tempérée et très-salubre, qui s'étend depuis les Andes, à l'O., jusqu'à

---

1. Elle s'appelle ainsi à cause du RIO DE LA PLATA, dont le nom signifie *fleuve d'argent*.

l'océan Atlantique, au S. E. Elle est arrosée à l'E. par le Parana et l'Uruguay, qui forment, par leur réunion, le rio de la Plata.

Montévidéo.

La confédération Argentine, composée de 14 provinces, a une population de 2 millions d'habitants. La capitale est *Buenos-Ayres* (180 000 hab.), grande ville, bien bâtie, qui occupe une position magnifique, sur la rive méridionale du rio de la Plata. — Les autres villes principales sont : *Rosario, Santa-Fé,* sur la rive droite du Parana ; *Parana, Corrientes,* situées sur la rive gauche de la même rivière ; *Mendoza,* qui a éprouvé un grand tremblement de terre en 1861 ; *Cordova : San-Luis.*

D'immenses plaines désertes et couvertes d'herbe, nommées *pampas,* occupent l'intérieur, vers le S. — Il s'y trouve d'innombrables troupeaux de bœufs et de chevaux.

Les principales productions de la Plata sont l'or, l'argent, le cuivre, le coton, le tabac, le maté, ou thé du Paraguay, mais surtout les bœufs, qui donnent lieu à un grand commerce de viandes salées, de graisse et de suif.

Dans l'intérieur de l'Amérique du Sud, loin de la mer, mais toujours sur le versant de l'Atlantique, est la république du PARAGUAY, située entre le Parana et le Paraguay, autrefois soumise à l'Espagne, et peuplée d'environ un million d'habitants. Ce pays se trouve entre le Brésil et la Plata, contre lesquels il a soutenu dans ces derniers temps une longue guerre, malheureuse pour lui.

La capitale est l'*Assomption*, sur le Paraguay ; *Villarica* est la seconde ville.

Les *Guaranis* et les *Payaguas* sont parmi les principaux peuples indigènes de ce pays.

Le Paraguay est fertile, et produit du tabac, du coton, du maïs, du sucre, des patates, du maté, etc.

Dans l'O. de l'Amérique méridionale, quatre républiques, qui ont été des possessions espagnoles, sont baignées par le grand Océan et couvertes par les Cordillères des Andes. Ce sont de beaux pays, riches en productions végétales et minérales, mais souvent bouleversés par des tremblements de terre.

La première est la république de l'ÉQUATEUR. Les *Andes* y sont très-élevées, et l'on y remarque les majestueux sommets du *Chimborazo*, du *Cotopaxi*, volcan redoutable, de l'*Antisana* et du *Pichincha*.

Des plateaux fertiles couronnent quelques parties de ces montagnes, et sont parsemés de villes et de villages, de gras pâturages et de champs bien cultivés. Le quinquina est une des productions végétales les plus précieuses de ce pays ; les mines d'or et d'émeraudes y sont communes.

L'Équateur renferme environ un million d'habitants. Il a pour capitale *Quito*, grande ville de 80 000 habitants, située au milieu des Andes, sous l'équateur ; elle a été plusieurs fois ravagée par des tremblements de terre. — *Guayaquil* est un port commerçant, près du golfe de même nom. — *Cuenca* est une des villes principales de l'intérieur.

A l'O. de la république de l'Équateur, dans le grand Océan, est l'archipel des *Galapagos* ou des *Tortues*, où les Équatoriens ont formé un petit établissement.

La seconde république est le PÉROU. C'est le pays le plus occidental de l'Amérique du Sud. La cordillère des Andes, qui le traverse du N. O. au S. E., y est riche en mines d'or et d'argent ; les vallées qui s'ouvrent à leur base sont ornées de la plus brillante végétation, et ont pour principales récoltes la canne à sucre, le cacao, l'indigo, le froment, le maïs, les pommes de terre.

A l'O. de ces montagnes, près de la côte du grand Océan, sont des plaines stériles, où il ne pleut jamais. La partie orientale du pays est composée de plaines humides et arrosée par une foule de rivières, premiers affluents de l'*Amazone*, fleuve qu'on nomme *Tanguaragua* dans son cours supérieur. Sur la frontière S. E., s'étend, sur un plateau très-élevé, le grand lac *Titicaca*.

Les tremblements de terre sont un des fléaux du Pérou ; celui de 1868 a détruit un grand nombre de villes.

Le célèbre engrais nommé *guano*, qu'on trouve particulièrement aux îles *Chinchas*, est une des plus grandes richesses du pays.

Les villes les plus considérables sont : *Lima* (160 000 hab.), capitale de la république, à l'O., près du grand Océan, où *le Callao* lui sert de port ; — *Huamanga* ou *Ayacucho*, très-belle ville, au centre de la contrée ; — *Cuzco* (40 000 hab.), au S. E., ancienne résidence des Incas qui gouvernaient le Pérou avant la conquête des Espagnols ; — *Arequipa*, au S., près du volcan de même nom ; — *Arica*, port de mer, aussi au S. ; — *Trujillo*, autre port, au N., près des ruines remarquables d'anciens monuments péruviens. — Il y a, à Cuzco, près du lac Titicaca et ailleurs, d'autres monuments très-curieux qui attestent une antique splendeur.

Le Pérou renferme 3 millions d'habitants.

Il s'y trouve un assez grand nombre d'Indiens, qui descendent, la plupart, de la nation *Quichua*, autrefois puissante.

La BOLIVIE, au S. E. du Pérou, dont elle est en partie séparée par le grand lac Titicaca ou Chucuyto, doit son nom au général Bolivar, qui a beaucoup contribué à la rendre indépendante de l'Espagne. Elle est traversée aussi par les Andes, qui y présentent quelques-uns de leurs plus hauts sommets, tels que les pics d'*Illimani* et de *Sorata*. Elle s'étend au S. O. jusqu'au grand Océan.

Les principales productions du pays sont les mines d'or et d'argent, le guano, le cacao, le sucre, l'agavé, le coton, le tabac, l'indigo, la vanille, le coca (plante très-employée comme aliment par les indigènes).

La population est de 2 millions d'habitants. La capitale est *Chuquisaca*, *Charcas*, *la Plata* ou *Sucre* (30 000 hab.), célèbre par ses mines d'argent. — On remarque, parmi les autres villes, *la Paz*, fameuse par ses mines d'or, et la plus grande ville de la Bolivie (avec 75 000 hab.); — *Potosi*, très-connue par ses mines d'argent; — *Cochabamba* (40 000 hab.); — *Cobija* ou *Puerto de la Mar*, à peu près le seul port de la Bolivie sur l'océan Pacifique, près du grand désert sablonneux d'*Atacama*.

Les plus belles parties du pays sont au pied des Andes : il règne dans les vallées de ces montagnes un printemps perpétuel et la plus riche fécondité.

Les *Moxos* et les *Chiquitos* sont des Indiens qui habitent dans la partie orientale de la république. Sur les plateaux des Andes, on trouve les *Quichuas*.

La quatrième république occidentale est le CHILI, pays long et très-étroit, resserré entre les Andes et le grand Océan, et remarquable par son climat très-doux, sa fertilité et ses mines d'argent, de cuivre et d'aimant; mais les tremblements de terre y sont fréquents et terribles. Les Andes y présentent leur plus haut sommet, le mont *Aconcagua*. Le blé est la principale richesse agricole du Chili. La vigne et les oliviers y réussissent. Les lamas, les alpacas et les vigognes y sont nombreux.

Cette république compte 2 millions d'habitants. La capitale est *Santiago* (100 000 hab.), une des villes de l'Amérique du Sud les plus avancées dans le progrès des sciences et des lettres.

— Les autres villes principales sont *Valparaiso* (50 000 hab.), port très-important; — *la Serena*, qui a pour port *Coquimbo;* — *San-Francisco de la Selva*, qui a pour port *la Caldera;* — *la Conception*, *Valdivia*, villes maritimes.

Dans le S. du Chili, habitent les *Araucanos*, indigènes belliqueux, que les Espagnols n'ont jamais pu soumettre, mais qui sont aujourd'hui en partie réunis à la république chilienne.

La grande île de *Chiloé* est située au sud de cette république et en dépend.

A 650 kilomètres à l'O. du Chili, se trouvent les îles de *Juan Fernandez*, sur l'une desquelles fut abandonné, en 1709, le marin écossais Alexandre Selkirk, dont les aventures ont fourni le sujet de l'ouvrage intitulé *Robinson Crusoé*.

La PATAGONIE, à l'extrémité méridionale de l'Amérique, est resserrée entre le grand Océan et l'océan Atlantique. C'est un pays triste en général, assez froid au S., et habité par le peuple sauvage des *Patagons*, célèbres par leur taille élevée, et très-bons cavaliers.

A côté de la Patagonie, vers le S., se trouve l'archipel de la *Terre de Feu*, séparé du continent par le long et sinueux détroit de Magellan. Elle fut ainsi nommée des flammes qu'y aperçut, dans le lointain, le voyageur Magellan, quand il la découvrit en 1520, et qui provenaient sans doute des feux allumés par les indigènes pour se chauffer; elle est séparée de la Patagonie propre par le détroit de *Magellan*. Cette région est froide et aride, et ses habitants ont l'aspect le plus misérable. — Près et à l'E. de la Terre de Feu, est la *Terre des États*, dont le climat est aussi très-rigoureux.

Au N. E., on rencontre les îles *Malouines* ou *Falkland*, où les Anglais ont un établissement.

Ces îles ont été longtemps possédées par les Espagnols; elles furent colonisées dans le dix-huitième siècle par de Français de Saint-Malo. Il n'y a pas de bois, mais beaucoup d'herbages, qui nourrissent de nombreux troupeaux de bœufs et de chevaux. Les singuliers oiseaux appelés manchots y sont communs.

Fort loin, au S. E. et au S. des îles Malouines et de la Terre de Feu, se trouvent quelques terres couvertes de glaces et que l'on connaît peu : tels sont la *Géorgie australe* ; les archipels des *Orcades méridionales* et du *Nouveau-Shetland méridional* ; la *Terre de Graham :* la *Terre de Louis-Philippe* et la *Terre de Joinville*, découvertes par Dumont d'Urville.

ÎLES ANTILLES.

Les ANTILLES, qu'on appelle aussi *Indes occidentales*, sont un grand archipel qui s'étend entre l'Amérique septentrionale et l'Amérique méridionale, depuis le voisinage de la Floride jusque vers le Vénézuéla ; elles se trouvent devant le golfe du Mexique et la mer des Antilles.

On les partage en 4 divisions principales :

Au N., sont les îles LUCAYES ou BAHAMA, qui appartiennent aux Anglais ; ce sont les premières terres d'Amérique que vit Christophe Colomb en 1492. On croit généralement que a première où il aborda, et qu'il appela *San-Salvador*, est celle que l'on nomme aujourd'hui *Cat-Island*. — L'île de la *Providence* est le siège de l'administration anglaise des Lucayes. Le chef-lieu est *Nassau*.

Au milieu, on remarque les GRANDES ANTILLES, c'est-à-dire *Cuba*, *Haïti*, la *Jamaïque* et *Puerto-Rico*.

Cuba, la plus grande des Antilles, est soumise à l'Espagne. Elle s'allonge de l'O. à l'E. l'espace d'environ 1200 kilomètres, devant le golfe du Mexique et à l'E. de la presqu'île d'Yucatan ; elle présente le plus bel aspect, et produit en abondance le sucre, le café, les ananas, les oranges et autres excellents fruits, le bois d'acajou et du tabac renommé. La population est de 1 400 000 âmes. — La *Havane*, sur la côte septentrionale, avec un très-beau port et 200 000 habitants, en est la capitale. — *Cuba* ou *Santiago de Cuba* (40 000 habitants) est un autre port important dans la partie orientale de l'île.

Haïti (nom donné à l'île par les anciens indigènes), que Christophe Colomb appela *Española* et qui fut ensuite appelée

La Havane.

Saint-Domingue, est située à l'E. de Cuba. Autrefois partagée entre les Français, qui avaient l'O., et les Espagnols, qui possédaient la partie orientale, elle a formé ensuite une république, établie par des nègres et des mulâtres révoltés; aujourd'hui elle se compose encore une fois de deux parties distinctes : à l'O., la *république d'Haïti*, qui a pour capitale *Port-au-Prince* (20 000 hab.), et pour autres villes le *Cap-Haïtien* (autrefois le *Cap-Français*) et les *Cayes*; — à l'E., la *république Dominicaine*, dont la capitale est *Saint-Domingue* ou *Santo-Domingo*.

Cette île est une des plus belles parties de l'Amérique; elle fournit beaucoup de productions précieuses, surtout du **café**, du **sucre**, du **coton**. La population est d'environ un million d'habitants, dont 800 000 pour la république d'Haïti.

La *Jamaïque*, qui appartient aux Anglais, est située au S. E. de Cuba, au S. O. d'Haïti, et remarquable par sa belle culture. Elle renferme 500 000 habitants, et a pour chef-lieu *Spanishtown*; mais les plus grandes villes sont *Kingston* et *Port-Royal*, sur la côte méridionale.

Puerto-Rico, aux Espagnols, se trouve à l'E. d'Haïti. C'est la moins considérable des Grandes Antilles; on y compte 460 000 habitants. Elle a, comme les autres, un aspect agréable et un sol fertile en cacao, bois de Campêche, tabac, piment, etc.; sa capitale est *San-Juan de Puerto-Rico*, ou simplement *Puerto-Rico*, sur la côte septentrionale.

À l'E., se trouvent les PETITES ANTILLES, qui forment une longue chaîne, dirigée du N. au S. On les appelle quelquefois ILES CARAÏBES, à cause des peuples de ce nom qui les habitaient anciennement; souvent aussi on les nomme ÎLES DU VENT, parce qu'elles sont plus exposées que les autres Antilles aux vents alizés ou vents de l'E., qui soufflent constamment dans ces parages.

Les plus importantes de ces îles sont : la *Guadeloupe* et la *Martinique*, qui appartiennent à la France; — *Antigoa*, la *Dominique*, *Sainte-Lucie*, *Saint-Vincent*, la *Barbade*, la *Grenade*, *Tabago* et la *Trinité*, qui dépendent de l'Angleterre; — *Saint-Eustache*, aux Hollandais; — *Saint-Thomas*, aux États-Unis; — *Sainte-Croix*, possession danoise.

La *Guadeloupe* se compose de deux parties, séparées l'une de l'autre par un petit bras de mer. La partie orientale s'appelle *Grande-Terre*, et présente un territoire plat, le mieux cultivé et le plus peuplé de la colonie. La partie occidentale, qu'on nomme *Basse-Terre*, est hérissée de hautes montagnes, dont la principale est le volcan très-actif de la *Soufrière*. — Le chef-lieu est la *Basse-Terre*, jolie petite ville, agréablement située sur la côte occidentale de la région de même nom.

La *Pointe-à-Pitre*, chef-lieu de la Grande-Terre, est la ville la plus importante de la colonie; elle a un port spacieux et 16 000 habitants. Toute la Guadeloupe renferme 100 000 habitants.

Près de la Guadeloupe, la France possède encore la petite île de *Marie-Galante*, celle de la *Désirade* et le petit groupe des *Saintes*, découvert aussi par Colomb en 1493.

La *Martinique* offre, dans l'intérieur, des montagnes volcaniques hérissées de rochers et couvertes de forêts. Mais elle a de riches plantations dans les régions basses voisines des côtes; on y cultive la canne à sucre, le meilleur café des Antilles, le cacao, le tabac, les bananes, les patates, le manioc. La population est de 150 000 habitants.

Le *Fort-de-France* (autrefois le *Fort-Royal*), avec un port excellent, est le chef-lieu de la Martinique. — *Saint-Pierre*, autre port, est le centre du commerce de l'île.

Les Français ont, en outre, dans les Petites Antilles, la partie septentrionale de *Saint-Martin*, dont le sud est aux Hollandais.

La *Barbade*, la plus peuplée des Petites Antilles, a plus de 150 000 hab., malgré son peu d'étendue; elle est très-fertile, très-commerçante, mais exposée à de terribles ouragans.

La *Trinité*, la plus grande et l'une des plus belles des îles du Vent, est près de l'Amérique du Sud, et a 100 000 habit.

Saint-Thomas, dans le groupe des îles Vierges, autrefois aux Danois, maintenant aux Américains, a l'un des ports les plus commerçants des Antilles.

Au S., sont les ÎLES SOUS LE VENT, très-voisines de l'Amérique méridionale, et dont les principales sont la *Marguerite*, au Vénézuéla, et *Curaçao*, aux Hollandais.

HABITANTS DE L'AMÉRIQUE.

La population de l'Amérique est d'environ 85 millions d'habitants ; c'est la partie du monde la moins peuplée en proportion de l'étendue.

Une grande partie de la population est d'origine européenne : ce sont surtout les *Espagnols*, les *Français*, les *Anglais* et les *Portugais* qui ont conquis et colonisé ce continent.

Il y a aussi en Amérique beaucoup de *nègres*, d'origine africaine ; les uns sont encore esclaves (dans Cuba), les autres sont libres.

On nomme *mulâtres* les personnes qui sont nées de blancs et de nègres, et *quarterons* celles qui sont nées de blancs et de mulâtres. On donne le nom de *gens de couleur* aux nègres, aux mulâtres, aux quarterons, à tous ceux enfin qui ont du sang nègre, lors même que leur peau est à peu près blanche.

Les indigènes américains[1], au nombre d'environ 10 millions, sont appelés *Indiens*, parce qu'à l'époque de la découverte de l'Amérique, on prit ces terres nouvelles pour les îles de l'Inde les plus avancées vers l'E. ; ils sont peut-être les descendants d'anciennes colonies de la race jaune, à laquelle ils ressemblent un peu. Ces Indiens ont la peau d'un rouge de cuivre ou d'un jaune rougeâtre, quelquefois d'un brun olivâtre ; ils ont les cheveux noirs, lisses et durs, et peu de barbe. La plupart sont divisés en peuplades sauvages.

OCÉANIE

DESCRIPTION GÉNÉRALE.

Situation et grandes divisions. — L'Océanie n'a reçu son nom et n'est décrite comme une partie du monde séparée que depuis le commencement de ce siècle. Auparavant on rattachait à l'Asie les terres dont elle se compose. On l'appelle aussi *Monde Maritime*.

---

1. Quoique ces indigènes soient les véritables *Américains*, on désigne plus ordinairement aujourd'hui sous le nom d'*Américains* la population d'origine anglaise dans les États-Unis.

Elle est située au S. E. de l'Asie et à l'O. de l'Amérique, et comprend le continent de l'*Australie* et une infinité d'îles. Ces îles sont répandues dans le grand Océan, ou entre cet Océan et l'océan Indien : le premier, en pénétrant dans les terres occidentales de cette partie du monde, y forme les mers de *Chine*, de *Java*, des *Moluques*, de *Célèbes* et de *Mindoro*.

L'Océanie occupe l'immense espace compris depuis le 34ᵉ degré de latitude N. jusqu'à une limite inconnue dans la latitude S., et depuis le 90ᵉ degré de longitude E. jusqu'au 111ᵉ de longitude O. ; mais la superficie des *terres* qu'elle contient n'est guère plus considérable que celle de l'Europe.

On peut partager l'Océanie en cinq divisions : la *Malaisie*, à l'O. ; la *Mélanésie*, au S. O. ; la *Micronésie*, au N. ; la *Polynésie*, à l'E., et les *Terres antarctiques*, au S.

Aspect général. Climat et productions. — L'Océanie est remarquable par ses aspects enchanteurs et sa superbe végétation ; quoiqu'elle soit, en grande partie, située dans la zone torride, la température y est assez douce et assez agréable, à cause des brises salubres de la mer, qui viennent constamment y rafraîchir les îles. Les parties méridionales (le sud de l'Australie, la Tasmanie, la Nouvelle-Zélande) sont dans la zone tempérée australe, et ont une température assez semblable à celle de l'Europe méridionale, mais les saisons y arrivent à des époques opposées à celles de notre climat. Les volcans sont nombreux et redoutables dans la Malaisie et la Polynésie.

On rencontre dans toute l'Océanie un grand nombre d'îles et de récifs formés de coraux.

On trouve, dans la Malaisie, de l'or, du fer, du cuivre, de l'étain, des diamants. L'Australie est, avec la Californie, la contrée qui a les plus riches mines d'or connues.

La Malaisie produit abondamment le riz, le maïs, la canne à sucre, le sorgho, le camphre, la cannelle, le poivre, le café, la muscade, les clous de girofle, le bois odorant de sandal, les orangers, les mangoustans, qui donnent des fruits délicieux.

Les végétaux indigènes de l'Australie sont peu propres à la nourriture de l'homme ; mais il y a plusieurs beaux arbres, tels que les eucalyptes. Les céréales européennes et les pommes de terre y réussissent.

Le cocotier, l'arbre à pain, le bananier, l'igname, croissent en abondance dans l'Océanie; et vers le S. de la Polynésie se trouve le précieux phormium.

On rencontre dans la Malaisie les mêmes quadrupèdes que dans le S. de l'Asie : l'éléphant, le rhinocéros, l'hippopotame, le tigre, le buffle, etc. Les animaux de l'Australie se distinguent par leurs formes bizarres et leurs habitudes singulières, et ne sont, la plupart, d'aucune utilité pour l'homme : tels sont le kangurou, l'échidné, l'ornithorhynque, le phalanger volant. Les animaux de l'Europe, particulièrement les bœufs, les moutons et les chevaux, y réussissent parfaitement.

Parmi les oiseaux de l'Océanie, on distingue le casoar, la lyre, le kakatoës, perroquet remarquable par sa belle couleur blanche et par la jolie huppe dont sa tête est surmontée ; les oiseaux de paradis ou paradisiers, admirables par la richesse de leur plumage ; l'hirondelle salangane, dont on mange les nids ; les cygnes noirs, dans l'Australie.

Les principaux reptiles sont les crocodiles, le boa, le serpent fil, le serpent noir ou acanthophis bourreau, le tropidonote, curieux par la variété et l'éclat des couleurs.

MALAISIE.

La Malaisie s'appelle aussi *archipel Indien* ou *archipel Asiatique*.

A l'O. et au S., on y trouve l'ARCHIPEL DE LA SONDE, qui forme une longue chaîne dirigée d'abord du N. O. au S. E., puis de l'O. à l'E., et qui semble être la continuation de la presqu'île de Malaka. Les principales sont *Sumatra*, l'archipel de *Rio, Banca, Billiton, Java, Madura, Bali, Lombok, Sumbava, Florès, Sumba, Timor* et *Timorlaout*.

Sumatra, la plus grande des îles de la Sonde, s'étend du N. O. au S. E. Les côtes en sont généralement basses et marécageuses, et la mer qui les borde est couverte d'îles et de bancs de sable. Elle est traversée dans toute sa longueur par une haute chaîne de montagnes, qui renferme plusieurs volcans en activité. Quoique située sous l'équateur, elle jouit d'un climat très-tempéré. Le sol est en grande partie couvert de forêts impénétrables. On cultive le riz, le cocotier, le bétel, le sagoutier, une grande variété de palmiers, et le poivre. Il y a beaucoup d'ébéniers, de cafiers, de camphriers.

Les Hollandais possèdent la plus grande étendue de la côte occidentale, où leur chef-lieu est *Padang*, importante place de commerce. Leur établissement de *Bencoulen* est sur la même côte. Ils dominent aussi sur le roy. de *Palembang*, situé au S. E., et dont la capitale est la ville de même nom.

La portion indépendante est partagée entre divers États, parmi lesquels on distingue le royaume d'*Achem*, qui comprend la partie septentrionale de l'île, et la confédération des *Battahs*, peuple féroce et anthropophage.

Les peuples de Sumatra sont presque tous d'origine malaise, et forment une population de 4 500 000 habitants.

Dans l'archipel de *Rio*, on distingue l'importante ville de même nom. — *Banca* est très-riche en étain et en beaux bois. — *Billiton* a beaucoup de riz, des bois odorants et des mines de fer. Toutes ces îles, placées à l'E. de Sumatra, appartiennent aux Hollandais.

La belle île de **Java** est située au S. E. de Sumatra, dont elle est séparée par le détroit de la Sonde. Une chaîne volcanique la traverse de l'E. à l'O. : plusieurs montagnes de cette chaîne sont des volcans actifs. Le tek y forme de grandes forêts ; le cocotier, le sagoutier, espèce de palmier, qui fournit une moelle précieuse, les bananiers, l'ananas, la goyave, le jaquier ou arbre à pain, le riz, l'indigo, le ricin, le maïs, la canne à sucre, le sorgho jaune, le café, y abondent.

La ville principale de Java est *Batavia*, capitale de l'Océanie hollandaise, sur la côte septentrionale de l'île ; elle a un vaste port et 250 000 habitants.

On y remarque encore *Bantam*, *Chéribon*, *Samarang*, *Sourabaya*, toutes sur la côte septentrionale ; *Sourakarta* et *Djohjakarta*, dans le S. E.

Java appartient tout entière à la Hollande. Sa population s'élève à environ 16 000 000 d'habitants.

Madura, située au N. E. de Java, est une île extrêmement fertile et bien peuplée, qui dépend des Hollandais.

Bali, *Lombok*, riches en bois de sapan ; — *Sumbava* ou *Bhima*, qui renferme des mines d'or, de fer et de cuivre ; —

Florès ou *Endé*, fertile en cocotiers et en cannelle ; — *Sumba* ou *Sandal-Bosch*, c'est-à-dire *l'île du bois de sandal*, au S. de Florès, forment une chaîne d'îles à l'E. de Java, et appartiennent en partie aux Hollandais, en partie à des princes tributaires de cette nation.

Timor s'étend du S. O. au N. E. Elle est remplie de superbes forêts peuplées de bambous, d'arbres à pain, d'orangers, de pamplemousses, de cocotiers et de mangoustans. Cette île est partagée entre les Portugais et les Hollandais.

Au N. E. de Timor, se trouve la belle île de *Timorlaout*, aux Hollandais.

Borneo, que les indigènes appellent *Kalémantan*, est divisée par l'équateur en deux parties presque égales. C'est la plus grande île de la Malaisie. Une chaîne de montagnes la traverse du S. au N. Les tremblements de terre y sont fréquents, et il y a plusieurs volcans. Le climat est plus tempéré que ne pourrait le faire supposer la position équinoxiale de l'île. Les parties voisines de la côte, les seules bien connues des Européens, sont marécageuses et malsaines. Il y a des mines d'or, de fer, de cuivre, d'étain et de diamants.

L'île est partagée entre les Hollandais et un grand nombre d'États. Les premiers ont les parties occidentales et méridionales. Ils possèdent, à l'O., les territoires et les villes de *Sambas* et de *Pontianak* ; — au S., le *Bandiermassin*, etc.

Les Anglais exercent leur influence sur le royaume de *Sarawak*, un des pays de la côte occidentale.

Le plus important des États indépendants est, au N. O., le royaume de *Bornéo*, dont la capitale est *Brouni* ou *Bornéo*.

La population de l'île est de 3 à 4 millions d'habitants. Des Malais, des Chinois et d'autres peuples commerçants sont établis sur les côtes. Dans l'intérieur, on remarque des populations sauvages, qui se nomment généralement *Dayaks*, et qui paraissent appartenir à la race nègre.

Au N. O. de Bornéo, on remarque l'île de *Labouan*, qui dépend des Anglais ; au N. E., sont les îles *Soulou*, habitées par de redoutables pirates, et où l'on pêche des perles.

Célèbes est à l'E. de Bornéo, dont la sépare le détroit de Macassar. Elle est remarquable par sa figure irrégulière, et se compose de plusieurs longues presqu'îles. Le riz, le co-

Un paysage de Bornéo.

ton, le camphre, les bois de sandal et de calambac, sont les principales productions de cette belle île. Il y a des mines d'or au N. Célèbes a quelques États indépendants. Mais la plus grande partie est soumise aux Hollandais. *Macassar* ou *Vlaardingen*, au S. O., et *Menado*, au N. E., sont leurs principales villes.

Les *Boughis* forment une grande partie de la population de Célèbes, évaluée à 2 millions d'habitants.

Les îles MOLUQUES, appelées aussi *îles aux Épices*, dépendent presque toutes des Hollandais. Leurs productions les plus précieuses sont des épices : le giroflier et le muscadier y croissent en quantité. Elles comprennent : les *Petites Moluques* ou *Moluques proprement dites*, et les *Grandes Moluques*.

Les premières sont au nombre de cinq : *Ternate*, la plus importante, *Tidor*, *Makian*, *Motir* ou *Mortir*, et *Batchian*.

Les Grandes Moluques sont beaucoup plus nombreuses. Les principales sont : *Gilolo* ou *Halamahéra*, île considérable, d'une forme très-irrégulière ; — *Céram*, couverte de montagnes élevées, riche en sagou et remarquable par ses aspects enchanteurs ; — *Amboine*, où abondent les girofliers, et dont la capitale est une jolie ville de même nom, chef-lieu du gouvernement hollandais des Moluques ; — les îles *Banda*, toutes volcaniques, et célèbres par la culture du muscadier.

Les îles PHILIPPINES forment la partie la plus septentrionale de la Malaisie. Elles sont belles et fertiles. La principale culture est celle du riz et du tabac. On y trouve le cotonnier, l'ananas, le gingembre, le cassier, plusieurs espèces de bananiers, et le manguier. La majeure portion de cet archipel est à l'Espagne.

Luçon, la plus grande et la plus importante des Philippines, renferme beaucoup de volcans et a un sol très-riche.

Manille, sur la côte orientale de Luçon, est la capitale de l'île et le chef-lieu des établissements espagnols dans les Philippines. On y compte 140 000 habitants. Elle est admirablement située entre la mer et le beau lac Bay.

Mindanao ou *Magindanao*, la seconde et la plus méridionale des Philippines, est remarquable par sa fertilité.

Parmi les autres Philippines, on distingue : *Zébu*, qui renferme une importante ville du même nom ; *Mindoro*, connue par ses masses de soufre. Elles sont l'une et l'autre soumises aux Espagnols. — A l'O., est l'île de *Paragoa* ou *Palaouan*, qui est en partie aux Espagnols, en partie indépendante.

Les Philippines ont 5 millions d'habitants, la plupart Malais et Tagals, et parmi lesquels on compte aussi beaucoup de Chinois et d'Espagnols. Les possesseurs primitifs du pays vivent dans les montagnes, au fond des plus épaisses forêts. Ils ont le teint noir, et sont connus sous le nom de *Nigritos*.

En résumé, les HOLLANDAIS sont les plus puissants dans la Malaisie : leurs possessions y comptent environ 23 millions d'habitants; ils dominent sur toute l'île de Java, où se trouve *Batavia*, capitale de leurs colonies océaniennes; ils ont des établissements à Sumatra et dans presque toutes les autres îles de la Sonde, ainsi qu'à Bornéo, à Célèbes, et aux Moluques, où se trouve l'importante ville d'*Amboine*.

Les ESPAGNOLS possèdent une grande partie des Philippines.

Les PORTUGAIS possèdent une partie de Timor.

Les ANGLAIS ont la petite île de *Labouan*, au N. O. de Bornéo; le royaume de *Sarawak*, sur la côte O. de cette île, est soumis à leur influence. Ils possèdent les petites îles *Keeling* ou des *Cocos*, au S. O. de Java et de Sumatra.

Les MALAIS sont un peuple indigène, répandu dans toute la Malaisie, principalement sur les côtes, où ils font un commerce actif; ils forment des États indépendants assez nombreux dans plusieurs parties de Sumatra, de Bornéo, de Célèbes, de Lombok, de Sumbava, de Florès, de Sumba; — dans quelques-unes des Moluques; — à Palaouan (dans les Philippines); — ils ont tout l'archipel Soulou. Ils se distinguent par leur intelligence, leur habileté dans la navigation, mais aussi par leur piraterie et leurs usages cruels.

L'intérieur de Bornéo et de quelques autres grandes îles a encore un certain nombre d'*aborigènes noirs*, habitants plus anciens que les Malais, et refoulés par ceux-ci dans les montagnes et les forêts : tels sont les *Dayaks* de Bornéo.

MÉLANÉSIE.

La Mélanésie a pour terre principale l'AUSTRALIE ou NOU-VELLE-HOLLANDE, grande contrée qui s'étend de l'E. à l'O.

l'espace de 4500 kilomètres, sur 2000 kilomètres, du N. au S. Elle fut probablement découverte par les Portugais au XVIe siècle ; mais les premiers renseignements certains sur cette terre furent donnés par les Hollandais, au commencement du XVIIe siècle. L'intérieur est encore très-peu connu, quoique des voyageurs (Burke, Mac Douall Stuart, etc.) aient traversé ce continent dans sa largeur plusieurs fois depuis quelques années, et qu'on ait même posé un fil télégraphique dans toute cette largeur, de *Port Darwin* à *Port Augusta*. — On remarque sur la côte septentrionale le golfe de *Carpentarie ;* le cap *York* termine l'Australie au N., et le cap *Wilson* au S. ; la côte méridionale offre les golfes de *Spencer* et de *Saint-Vincent :* c'est près de ce dernier qu'est l'embouchure du *Murray*, le plus grand fleuve connu du pays ; et c'est au N. du golfe de Spencer que se trouvent les plus grands lacs qu'on y ait vus : les lacs *Torrens, Gairdner* et *Eyre*. Sur la côte N. O., débouche la *Victoria*, qui paraît être un des principaux fleuves de ce continent. La partie orientale est couverte du N. au S. par la chaîne des montagnes *Bleues* et des *Alpes Australiennes*, où l'on exploite de très-riches mines d'or.

L'Australie appartient aux Anglais, qui l'ont partagée en six parties : 1° à l'E., la *Nouvelle-Galles méridionale*, qui fut la première colonisée ; — 2° au S. E., la province de *Victoria*, qui a pris en peu de temps un développement prodigieux, par suite des abondantes mines d'or qu'on y a découvertes ; — 3° au N. E., le *Queensland ;* — 4° l'*Australie du Sud ;* — 5° l'*Australie du Nord*, qui dépend momentanément de l'Australie du Sud ; — l'*Australie de l'Ouest*.

Le climat de l'Australie est généralement salubre et tempéré. L'hiver, qui a lieu en juin, juillet et août, est marqué par de violentes tempêtes ; cependant il se passe quelquefois sans pluie dans plusieurs parties du pays, et la sécheresse est un des inconvénients du climat australien. Les variations de l'atmosphère sont très-subites en novembre, décembre et janvier, c'est-à-dire pendant l'été.

Le sol de cette contrée produit, naturellement, très-peu de substances alimentaires ; mais les Anglais y ont établi dans le N. des cultures d'indigo, de café, de canne à sucre ; et les fruits d'Europe, nos céréales, la vigne, réussissent bien dans le S. Les arbres indigènes les plus remarquables sont les eucalyptes ou gommiers. Des forêts de hautes herbes et d'arbrisseaux épineux occupent de grands espaces dans l'intérieur.

Les animaux de l'Australie diffèrent tout à fait, par leurs formes et leurs habitudes, de ceux des autres contrées. Le plus grand est le kangurou. Les animaux d'Europe se naturalisent bien ; les moutons donnent une laine superbe et sont très-nombreux, ainsi que les chevaux et les bœufs.

La Nouvelle-Galles méridionale fut d'abord destinée à servir d'exil aux condamnés de la mère patrie. La population de la colonie est aujourd'hui de 500 000 habitants.

Sydney, la capitale, est une ville de 135 000 âmes, agréablement située sur le bord méridional du port *Jackson*, un des plus beaux du monde.

Au S. de Sydney, est la fameuse *Botany Bay* ou baie *Botanique*, le premier point où abordèrent les Anglais.

La province de Victoria, qui compte 750 000 habitants, et qui a dû son rapide accroissement à ses mines d'or, a pour chef-lieu la florissante ville maritime de *Melbourne*, sur le port Phillip, toute récente, mais déjà grande, fort belle, et peuplée de 200 000 habitants.

Geelong, autre ville maritime de cette province, est unie à Melbourne par un chemin de fer.

Le Queensland a pour chef-lieu *Brisbane*.

Adélaïde, chef-lieu de l'Australie du S., vers le golfe de Saint-Vincent, est une ville déjà importante.

Perth est la ville principale de l'Australie de l'O., où l'on envoie encore les condamnés.

On remarque le bon port *Essington* sur la côte N.

La population coloniale de l'Australie s'élève à 1 600 000 habitants. Tout le continent ne doit pas renfermer plus de 3 millions d'individus. Les peuplades indigènes sont disséminées par familles éparses. Elles ont le teint noir et sont comptées parmi les populations les plus sauvages du globe.

La TASMANIE ou TERRE DE DIEMEN est une île triangulaire située au S. E. de l'Australie, dont elle est séparée par le détroit de *Bass*. Elle a été nommée *Tasmanie* en l'honneur de Tasman, navigateur hollandais, qui la découvrit en

1643 et l'appela lui-même Terre de Diemen, du nom du gouverneur de Batavia. C'est une florissante colonie anglaise, qui compte 100 000 habitants. Il n'y a plus d'indigènes. Le climat est très-variable, mais salubre en général. On cultive du froment, de l'orge, et presque tous les légumes et tous les arbres fruitiers d'Europe. Le chef-lieu est *Hobart-town*.

La NOUVELLE-GUINÉE, encore peu connue, est située au N. de l'Australie, dont elle est séparée par le détroit de Torrès, que ses écueils ont rendu l'effroi des navigateurs. On lui donna d'abord le nom d'île d'*Or*, qui fut bientôt changé en celui de *Nouvelle-Guinée*, à cause de la ressemblance de ses habitants avec les nègres de la Guinée, en Afrique. On l'appelle aussi Papouasie, des *Papous* ou *Papouas*, qui forment une partie importante de sa population. Elle a environ 2500 kilomètres du N. O. au S. E. C'est une des plus grandes îles du monde. Ses rivages offrent les sites les plus pittoresques. Ses superbes forêts sont remplies d'une multitude d'oiseaux, parmi lesquels on distingue les jolis oiseaux de paradis.

Les indigènes de l'intérieur de la Nouvelle-Guinée sont les *Arafouras* ou *Alfourous;* ils ont la peau d'un noir brun sale, les cheveux épais, peu longs et rudes, les yeux grands, la bouche extrêmement fendue. Ils sont très-féroces, leur aspect est repoussant, et on les accuse d'anthropophagie. Ils ont été refoulés dans l'intérieur par les *Papouas*, qui, noirs aussi, ont les traits assez réguliers et une volumineuse chevelure.

Les Hollandais ont pris possession de la partie occidentale.

On donne le nom de LOUISIADE à une terre peu connue, située au S. E. de la Nouvelle-Guinée. On l'a considérée longtemps, comme un archipel séparé; mais on a reconnu que la terre principale est une presqu'île qui tient à la Nouvelle-Guinée; plusieurs îles sont répandues autour.

L'archipel de la NOUVELLE-BRETAGNE se trouve à l'E. de la Papouasie; il en est séparé par le détroit de *Dampier*, ainsi nommé en l'honneur du célèbre navigateur qui le découvrit en 1699. Il comprend la *Nouvelle-Bretagne* proprement dite, la *Nouvelle-Irlande*, le *Nouveau-Hanovre*, les îles de l'*Amirauté* et quelques autres îles moins considérables. Les indigènes sont remarquables par leur férocité.

L'archipel SALOMON s'étend du N. O. au S. E., à l'E. de

la Nouvelle-Bretagne. Ces îles furent découvertes en 1567, par l'Espagnol Alvaro Mendaña, qui leur donna ce nom à cause de l'idée, peu exacte d'ailleurs, qu'il s'était faite de leur richesse (rappelant celle du roi Salomon). Des récifs et des bancs de corail en rendent l'approche très-dangereuse. Les principales sont *San-Cristobal*, *Guanalcanar*, *Isabelle*.

L'archipel de LA PÉROUSE, connu aussi sous les noms de *Santa-Cruz* et de la *Reine-Charlotte*, est au S. E. de l'archipel Salomon, et se compose de l'île de *Santa-Cruz* ou *Egmont* et de quelques autres, parmi lesquelles on distingue *Vanikoro*. C'est sur les récifs de cette dernière qu'échouèrent en 1788 les deux vaisseaux du grand navigateur la Pérouse. On ne découvrit le lieu de ce naufrage qu'en 1827, et Dumont d'Urville y érigea, en 1828, un monument en mémoire de son illustre compatriote.

L'archipel des NOUVELLES-HÉBRIDES, du SAINT-ESPRIT ou des GRANDES-CYCLADES se compose d'un grand nombre d'îles fertiles, mais peu salubres, et habitées par des populations qui se livrent encore à l'anthropophagie. La principale est la *Terre du Saint-Esprit*.

L'archipel de la NOUVELLE-CALÉDONIE, au S. O. des Nouvelles-Hébrides, se compose : 1° de la *Nouvelle-Calédonie* proprement dite, que les indigènes appellent *Balade*, île longue et étroite, presque entièrement entourée de récifs madréporiques ; — 2° de l'île des *Pins* ou île *Kounié*, près et au S. E. de la précédente ; — 3° des îles *Loyalty*, situées plus à l'E., et dont les principales sont *Ouvéa*, *Lifou* et *Maré*. Les Français ont pris possession de cet archipel en 1853. Ils en ont fait un lieu de déportation. La population coloniale, les déportés compris, s'élève à 15 000 âmes.

La Nouvelle-Calédonie produit le bananier, l'arbre à pain, le sandal, le cocotier, le figuier, l'oranger, le gingembre, la canne à sucre, le café, l'igname, le maïs, le chou-palmiste, le taro (qui, par la grosseur et par la forme, ressemble assez à la pomme de terre). Il y a des mines de fer, d'or et de houille. Les indigènes de Balade, au nombre d'environ 50 000, sont des populations noires ou brunâtres, encore sauvages, et l'anthropophagie est répandue chez plusieurs de leurs peuplades. Le chef-lieu de cette île est *Nouméa* ou *Port-de-France*, dans la partie méridionale, sur la côte ouest.

Assez loin au S. E. de la Nouvelle-Calédonie, on trouve l'île NORFOLK, soumise aux Anglais.

Les îles VITI ou FIDJI, l'archipel le plus oriental de la Mélanésie, ont été célèbres par le bois de sandal qu'elles produisaient en abondance, mais dont les forêts sont aujourd'hui épuisées. Elles sont fertiles et belles; le coton, la canne à sucre et autres précieuses productions peuvent y réussir. Les habitants sont de la race papoue; leur férocité, longtemps trop connue, a été adoucie par les missionnaires. Des Américains et des Européens s'y sont établis en assez grand nombre depuis quelques années.

En résumé, les ANGLAIS, les HOLLANDAIS et les FRANÇAIS sont les Européens qui ont des possessions dans la Mélanésie.

Les Anglais y ont l'Australie, la Tasmanie et la petite île Norfolk, qui est un dépôt de condamnés. Ils désignent sous le nom d'**Australasie** toutes leurs possessions du S. de l'Océanie, la Nouvelle-Zélande comprise.

Les Hollandais possèdent la partie O. de la Nouvelle-Guinée.

Les Français ont l'archipel de la Nouvelle-Calédonie.

Les INDIGÈNES de la Mélanésie sont des NOIRS, la plupart fort abrutis et fort sauvages. Les *Papous* ou *Papouas*, une de leurs populations principales se trouvent sur les côtes de la Nouvelle-Guinée. Mais l'intérieur de cette grande île est habité par les *Alfourous* ou *Arafouras*, plus sauvages que les Papous. C'est à ces deux races que paraissent appartenir les naturels de l'Australie et de la plupart des autres terres de la Mélanésie. Ils diffèrent des nègres de l'Afrique par divers caractères, et particulièrement par un nez anguleux plutôt qu'épaté, et par des cheveux en brosse plutôt que laineux.

MICRONÉSIE.

L'archipel MAGELLAN, situé dans le N. de la Micronésie, est généralement volcanique : le groupe *Monin-sima*, ou *Bounin-sima*, qui en fait partie, dépend du Japon.

Les îles PALAOS forment le groupe le plus occidental de

toute la Micronésie. Le sol en est fertile. L'ébénier, le cocotier, l'arbre à pain et un grand nombre de bambous croissent dans les forêts. Les ignames et les noix de coco sont la principale subsistance des naturels.

Les îles MARIANNES forment une chaîne alignée du N. au S., au N. E. des îles Palaos. Elles furent découvertes en 1521 par Magellan, qui faisait alors le premier voyage autour du monde. Ce navigateur leur appliqua la dénomination d'*îles des Larrons*, parce que les indigènes lui parurent être très-enclins au vol; on les a nommées, depuis, îles *Mariannes*, en l'honneur de Marie-Anne d'Autriche, femme de Philippe IV, roi d'Espagne. Les Espagnols en sont les maîtres.

Guam est la plus importante des Mariannes.

La plupart de ces îles ont un aspect triste et stérile. Cependant il y a des parties fertiles, qui produisent le cocotier, le jaquier, l'oranger, les pastèques, le cycas, dont la moelle procure une excellente farine. Les Espagnols y ont introduit le coton, l'indigo, le cacao, le riz, le maïs, la canne à sucre.

Les îles CAROLINES, qui furent ainsi nommées en l'honneur de Charles II, roi d'Espagne, sont au nombre de 500, et forment une chaîne très-étendue, qui se prolonge de l'O. à l'E., vers le milieu de la Micronésie. Elles ont un climat tempéré, mais des ouragans terribles les dévastent quelquefois. Les cocotiers et les arbres à pain y sont communs, et produisent des fruits très-gros et très-savoureux.

On remarque, dans les Carolines, en se dirigeant de l'E. à l'O. : la belle île *Oualan;* — le groupe d'*Hogoleu*, situé vers le centre de l'archipel et remarquable par sa fertilité, mais aussi par sa population abrutie; — l'île de *Lamoursek*, dont les habitants sont les plus policés de l'archipel ; — *Yap*, la plus grande et la plus occidentale des Carolines.

Les Carolins ont, en général, la physionomie douce et agréable; leur maintien annonce un caractère fier et entreprenant. Ils déploient surtout leur habileté et leur adresse dans la construction de leurs pirogues.

Les îles MARSHALL et GILBERT ont été ainsi nommées en l'honneur de deux capitaines qui les découvrirent en 1788.

L'archipel Marshall se compose de deux principales chaînes : la chaîne de *Ralick*, à l'O., et celle de *Radack*, à l'E.;

de cette dernière fait partie le groupe des *Mulgrave*, ainsi nommé d'un navigateur anglais du dernier siècle.

L'archipel Gilbert est situé au S. de la chaîne de Radack.

L'arbre à pain, le cocotier et le bapier, dont le fruit ressemble à une pomme de pin, sont communs dans ces îles.

Les canots des insulaires dénotent une extrême adresse.

Les ESPAGNOLS sont les seuls Européens qui aient des possessions dans la Micronésie ; ils y ont les Mariannes, et le chef-lieu de leur gouvernement y est *Agagna*, dans l'île de Guam. Ils réclament aussi la possession des Carolines, mais ne s'y sont pas établis. — Les JAPONAIS possèdent les îles *Monin-sima*, dans l'archipel Magellan.

Les INDIGÈNES de la Micronésie sont un mélange de MALAIS et de populations MONGOLIQUES. Les principaux sont les *Corolins*, dont l'état le plus important est celui de *Lamoursek*.

POLYNÉSIE.

La Polynésie renferme, au N., les îles SANDWICH ou HAVAÏ, qui forment, après la Nouvelle-Zélande, l'archipel polynésien le plus important. Elles sont en général montueuses et volcaniques. Le climat y est doux. Le sol, très-fécond, se prête à une foule de cultures. Les plantes les plus communes sont le taro, dont la racine forme la principale nourriture des indigènes ; la patate douce, de très-grosses cannes à sucre, des ignames, le tabac, le coton et le gingembre. On y récolte du café, de l'indigo, de l'arrow-root. Il y a des arbres à pain, des orangers, des citronniers, des tamariniers, des grenadiers, des bananiers, des cocotiers ; le ti, variété du dragonnier, fournit une boisson enivrante.

Havaï, la plus considérable des îles Sandwich, est célèbre par la mort de Cook, qui y fut tué par les naturels en 1779. Elle est couverte de hauts volcans, qui l'ont ravagée par leurs éruptions. — *Oahou*, la plus fertile, la plus riche, la plus jolie, a été surnommée le *Jardin des Sandwich*, et renferme la ville d'*Honoloulou*, capitale du royaume d'Havaï.

Les indigènes ou *Kanaks* sont généralement grands, bien faits et agiles. Leur physionomie est gracieuse et animée.

D'un caractère doux et affable, extrêmement industrieux, ils sont disposés à recevoir tous les arts de la civilisation, dans lesquels ils ont déjà fait de grands progrès. Ils ont abandonné leurs anciennes coutumes barbares et ont été convertis au christianisme. Leur nombre ne s'élève plus qu'à environ 70 000 ; il était de 400 000 du temps de Cook.

Entre l'équateur et le tropique du Capricorne, la Polynésie renferme les îles *Samoa* ou des *Navigateurs*, les îles *Tonga* ou des *Amis*, les îles *Manaïa*, d'*Hervey* ou de *Cook*, les îles *Toubóuaï*, les îles *Tahiti* ou de la *Société*, l'archipel *Touamotou* ou des *îles Basses*, les îles *Mendaña* ou *Marquises*.

Vers l'Équateur sont plusieurs petites îles qui appartiennent aux États-Unis, et parmi lesquelles on remarque celles de *Phœnix* et d'*Union*.

Les îles Samoa furent découvertes, en 1758, par Bougainville, qui leur donna le nom d'îles des *Navigateurs*, à cause des nombreuses pirogues qu'avaient les naturels. Elles sont en général élevées et très-fertiles. Les cocotiers, les goyaviers, les cannes à sucre et les bananiers y sont très-communs. *Pola* ou *Sévaï* est la plus grande.

Les insulaires des îles Samoa ont une stature et une force peu communes ; ils construisent de charmants petits canots, qu'ils peuvent charger sur leurs épaules.

Les îles Tonga furent appelées par Cook îles des *Amis*, à cause de l'accueil qu'il reçut des naturels. Ces îles jouissent d'un doux climat. La plus grande et la plus peuplée est nommée *Tonga-tabou*, c'est-à-dire *Tonga sacrée*.

Les naturels des îles Tonga parurent d'abord accueillir amicalement les premiers navigateurs, qui ne tardèrent pas à les reconnaître réellement cruels, massacrant sans pitié leurs prisonniers et sacrifiant des victimes humaines. Leurs mœurs se sont fort adoucies sous l'influence de la religion chrétienne, à laquelle beaucoup d'entre eux se sont convertis. Ils sont supérieurs par leurs facultés à la plupart des insulaires voisins. Leur principale nourriture consiste en bananes, noix de coco, ignames, taro, fruit à pain, poisson et coquillages.

Les îles Manaïa, appelées aussi archipel d'*Hervey* ou de *Cook*, ont des habitants généralement assez civilisés.

Les îles Toubouaï forment un groupe assez important, au

S. E. des îles Manaïa. Deux d'entre elles sont soumises au protectorat de la France.

Les îles de la SOCIÉTÉ furent ainsi nommées par Cook, en l'honneur de la Société Royale de Londres. Elles portent aussi le nom de la plus grande île de l'archipel, TAHITI, qui a mérité le titre de *reine de l'océan Pacifique.* Cette île est couverte de montagnes, entre lesquelles s'ouvrent de belles vallées. Presque tous les végétaux propres à l'Océanie y viennent en abondance et de la meilleure qualité : tels sont les bambous et le mûrier à papier, dont l'écorce sert à faire des étoffes fines et moelleuses. La canne à sucre et le café y réussissent.

Tahiti a pour capitale *Papeète.* La reine de cette île a reconnu, en 1842, le protectorat de la France. — L'île *Mooréa,* au N. O. de Tahiti, a aussi accepté ce protectorat.

Les Tahitiens ont le teint olivâtre, la figure ovale, le front découvert et arrondi, l'œil bien fendu, brillant et très-noir ; le nez droit et aquilin, souvent renflé aux narines ; la bouche un peu grande, mais bien dessinée et garnie de dents d'une blancheur éclatante ; les oreilles longues ; les cheveux noirs, lisses ou frisés, mais jamais laineux. Ils sont graves, courageux et d'un caractère franc et ouvert. Convertis au christianisme par des missionnaires européens, ils ont abandonné les coutumes barbares de leurs ancêtres. Leur nombre a beaucoup diminué depuis l'arrivée des Européens ; l'île de Tahiti n'en compte plus que 14 000. L'archipel entier en a 25 000.

Les îles TOUAMOTOU, c'est-à-dire *îles lointaines* (appelées auparavant *Pomotou,* signifiant, en tahitien, *îles soumises*), sont situées à l'E. des îles de la Société. On les appelle aussi *îles Basses,* et l'on en désigne une grande partie sous le nom d'*archipel Dangereux.* Ces îles sont sablonneuses, entourées de récifs de corail et d'un abord difficile. Les habitants ressemblent beaucoup aux Tahitiens. Ils sont soumis au protectorat de la France.

On rattache aux îles Touamotou, vers le S., les îles *Gambier* et *Mangaréva,* dont les insulaires ont été civilisés par des missionnaires catholiques et ont reconnu le protectorat français.

On y rattache aussi l'île *Pitcairn,* colonisée dans le siècle dernier par des marins anglais révoltés. Cette colonie offrit d'abord le plus triste assemblage de vices et de crimes ; mais elle éprouva ensuite une complète transformation sous la direction patriarcale d'un de ses colons, John Adams.

L'île OPARO ou RAPA, soumise au protectorat français, se trouve au S. E. des Toubouaï.

Les îles MENDAÑA ou MARQUISES, situées au N. E. des précédentes, se divisent en deux groupes, et furent découvertes en 1595 par l'Espagnol Mendaña, qui les appela îles du *Marquis de Mendoze*, en l'honneur du gouverneur du Pérou. Ces îles sont hautes et boisées. Elles jouissent d'un climat sec et salubre, et offrent des aspects enchanteurs dans les vallées basses. Les principales productions sont le goyavier, l'ananas, le citronnier, l'oranger, le ricin, l'ama, espèce de noyer ; l'igname, le taro, le ti, le kapé (arum), le kava (poivrier avec lequel les indigènes font une liqueur enivrante), la patate douce, l'arrow-root, le cocotier, l'arbre à pain, le pandanus, le bananier, le mûrier blanc.

La plus peuplée de ces îles est *Nouka-hiva*, dans le groupe du N. O. La plus grande est *Hiva-oa* ou *Santa-Dominica*, dans le groupe du S. E., où l'on remarque aussi *Tahouata*.

La France a pris possession des îles Marquises en 1842.

Les habitants, au nombre d'environ 10 000, sont remarquables par leurs belles formes, la régularité de leurs traits et la blancheur de leur teint. La variété de leurs coiffures, leurs tatouages si divers et d'un dessin si parfait, leurs vêtements, leurs joyaux, leur donnent un aspect curieux et étrange. Ils sont braves, intelligents, mais ont un grand penchant à la rapacité, et se livrent à l'anthropophagie.

Un peu au S. du tropique du Capricorne, se trouve l'île de PAQUES, amas de rochers volcaniques ; elle fut découverte en 1772 par l'amiral hollandais Roggeween, qui la nomma ainsi en l'honneur de la solennité du jour où il l'aperçut. Les naturels l'appellent *Ouaïhou*. C'est la terre habitée la plus orientale de l'Océanie. Les hauteurs sont arides, mais les vallons sont fertiles et bien cultivés, et ils produisent abondamment des patates, des ignames, des cannes à sucre, d'excellentes bananes. On ne trouve pas le moindre arbre dans l'île : toutes les plantes sont herbacées.

La NOUVELLE-ZÉLANDE, située dans le S. O. de la Polynésie, au S. E. de l'Australie, se compose surtout de deux grandes îles, qui s'étendent du N. E. au S. O., aux antipodes d'une partie de la France. Ces deux îles sont séparées l'une de l'autre par le détroit de Cook, découvert en 1770 par le navigateur de ce nom ; la plus septentrionale et la moins considérable est nommée *Té-Ika-a-Maoui* ou *Nouvelle-Ulster* ; l'autre est *Té-Vahi-Pounamou* ou *Nouvelle-Munster*. — Il se trouve une troisième île, peu étendue, nommée *Stewart*, très-près au S. de Té-Vahi-Pounamou. — Une chaîne de hautes montagnes, généralement volcaniques, parcourt les deux grandes îles dans leur longueur ; les sommets les plus élevés sont dans l'île du sud.

La température de la Nouvelle-Zélande est à peu près semblable à celle de la France, mais les ouragans y sont fréquents et terribles. Le sol est excellent : les céréales, les racines et les légumes d'Europe y réussissent très-bien. Le pays est couvert d'arbres d'une beauté remarquable. Le *phormium*, dont les feuilles fournissent une filasse aussi fine que la soie et propre à la fabrication des étoffes, est une production de cette contrée. On y a découvert de riches mines d'or.

Les Néo-Zélandais ou *Maoris* ont une taille élevée, des traits réguliers et agréables, quoique fortement prononcés. Actifs et braves, ils respirent généralement la guerre. Longtemps inhospitaliers et sans pitié, ils ont souvent exercé avec perfidie des actes de cruauté contre les navigateurs que la tempête jetait sur leurs côtes, et ils étaient anthropophages. Aujourd'hui leurs mœurs se sont adoucies ; la plupart sont convertis à la religion chrétienne et se livrent à la culture.

Les Anglais ont pris possession de ces îles ; mais ils ont eu à réprimer de graves insurrections des indigènes. Leurs principales villes y sont : *Auckland*, ancien siége du gouvernement de la colonie, dans le nord de l'île Té-Ika-a-Maoui, sur un isthme étroit qui sépare la côte orientale de la côte occidentale ; — *Wellington*, capitale actuelle, dans la même île, sur le détroit de Cook ; — *Nelson*, dans l'île de Té-Vahi-Pounamou. — On trouve dans la même île le territoire d'*Otago*, très-riche en or. — La population coloniale de la Nouvelle-Zélande est de 260 000 âmes.

Le groupe de CHATHAM ou BROUGHTON, les îles BOUNTY et l'île des ANTIPODES, qui a été appelée ainsi parce qu'elle est la terre la plus voisine des antipodes de Greenwich, marquent une chaîne presque parallèle à la côte orientale de Té-Vahi-Pounamou. — Les *antipodes de Paris* se trouvent aussi à l'E. de cette grande île.

Les îles CAMPBELL, AUCKLAND et MACQUARIE terminent la Polynésie vers le S. Ces îles et les précédentes appartiennent à l'Angleterre, et, avec la Nouvelle-Zélande, font partie de ce que les Anglais appellent l'*Australasie.*

Les INDIGÈNES POLYNÉSIENS ont quelque ressemblance avec la race malaise, quoique, sous certains rapports, on puisse en faire une race distincte : leur taille est élevée, leur corps bien proportionné, leur teint olivâtre ; leurs traits sont réguliers et beaux, mais ils se couvrent d'un tatouage bizarre. Leurs pirogues sont faites avec beaucoup d'art, et ils sont excellents navigateurs. L'anthropophagie et d'autres usages cruels existent encore parmi eux. Cependant ils sont intelligents, et le christianisme et la civilisation ont pénétré dans plusieurs îles. Leur principal État est celui des îles Havaï.

TERRES ANTARCTIQUES DE L'OCÉANIE.

Au S. de la Polynésie et de la Mélanésie, vers le cercle polaire antarctique, entre le 110e et le 165e degré de longitude E., on voit les *Terres Termination, Sabrina, Clarie, Adélie, Balleny,* découvertes par Dumont d'Urville, Wilkes et d'autres hardis navigateurs de ce siècle ; elles sont ensevelies sous des amas de neige et de glace. Plus loin encore, est la *Terre Victoria,* découverte en 1841 par le capitaine James Ross, et qu'on a reconnue jusqu'au 78e degré de latitude. On y a vu les hauts volcans d'*Erebus* et de *Terror.* Toutes ces terres se touchent peut-être, et peut-être aussi rejoignent-elles la Terre Enderby, au S. E. de l'Afrique, ainsi que la Terre de Graham et autres, qu'on rencontre au S. de l'Amérique : plusieurs géographes croient que ces diverses terres forment un *continent antarctique* qui envelopperait le pôle austral.

GÉOGRAPHIE ANCIENNE DE L'ASIE ET DE L'AFRIQUE.

ASIE.

Géographie physique. — Les géographes anciens n'ont décrit que moins de la moitié de l'Asie : le N. et l'E. leur étaient inconnus. Une ligne tirée du N. O. au S. E., commençant au cours moyen du Rha (Volga), passant par le mont Imaüs, et se terminant au fleuve Senus, dans l'E. de l'Inde au delà du Gange, déterminait à peu près la limite de leurs connaissances dans ces directions. L'Asie était bornée à l'O. par le cours moyen du Rha, le cours inférieur du Tanaïs (Don), le Palus Mæotis, le Pont Euxin, la Propontide, la mer Egée, la mer Intérieure, l'isthme de l'Arabie Pétrée et le golfe Arabique. Au S., elle avait l'océan Indien ou la mer Erythrée, avec son grand golfe du *Gange* (aujourd'hui golfe du Bengale). La mer Caspienne et le mont Caucase étaient autrefois renfermés tout entiers dans l'Asie.

Nous avons conservé la plupart des noms anciens des principales montagnes de l'Asie occidentale : le *Caucase*, le *Taurus*, le *Liban*, etc. Le mont *Imaüs* paraît correspondre aux monts Célestes et Altaï ; les monts *Emodes* sont sans doute les monts Himalaya.

Fleuves et lacs du versant de l'ouest : l'*Halys* (Kizil-ermak), tributaire du Pont Euxin ; — le *Rha* (Volga), tributaire de la mer *Caspienne* ou mer d'*Hyrcanie* ; — le *Cyrus* (grossi de l'*Araxes*), tributaire de la même mer ; — l'*Oxus* (Djihoun), qui se jetait, croit-on, dans la mer Caspienne, tandis qu'il se rend aujourd'hui dans la mer d'Aral, et l'*Iaxartes* ou *Araxes* (Sihoun), tributaire du lac *Oxianes* (mer d'Aral). d'où il sortait peut-être pour se rendre dans la mer Caspienne. Les anciens géographes n'avaient, du reste, que des idées vagues sur ces deux grands lacs, qu'ils ont considérés généralement comme ne formant qu'une seule masse d'eau.

Sur le plateau de la Perse : l'*Etymander* (Helmend).

Sur le versant de l'océan Indien : l'*Euphrate*, le *Tigre*, l'*Indus*, le *Gange*, le *Besynga* (l'Ava ou peut-être le Salouen), le *Serus* (Mè-nam?), le *Senus* (Mè-kong?)

Contrées de l'ancienne Asie. — A l'O., on voyait l'*Asie Mineure*, presqu'île renfermée entre le Pont Euxin, la Propontide, la mer Egée et la mer Intérieure ; — la *Syrie*, la *Phénicie* et la *Palestine*, sur la côte orientale de la mer Intérieure ; — la *Colchide*, l'*Ibérie*, l'*Albanie*, sur le versant méridional du Caucase; — la *Sarmatie asiatique*, au N. du mont Caucase ; — l'*Arménie*, l'*Assyrie*, la *Mésopotamie*, la *Babylonie*, sur les bords de l'Euphrate et du Tigre; — l'*Arabie*, entre le golfe Arabique et le golfe Persique.

Dans la partie moyenne de l'Asie, on trouvait la *Médie*, l'*Hyrcanie*, sur la côte méridionale de la mer Caspienne ; la *Susiane*, la *Perse*, la *Carmanie*, la *Gédrosie*, vers le golfe Persique et l'océan Indien; — la *Parthie*, l'*Arie*, le *Paropamise*, la *Drangiane*, l'*Arakhosie*, comprises presque entièrement sur le plateau où coule l'Etymander; — la *Bactriane*, la *Sogdiane*, au N. de ce plateau.

A l'E., étaient l'*Inde en deçà du Gange*, l'*Inde au delà du Gange*.

la *Sérique*, très-vaguement connue, et le pays des *Sines* (peut-être identique avec le *Sérique*).

Au N., s'étendait la vaste région de la *Scythie*.

Celles de ces contrées qui jouent le rôle le plus important dans l'histoire ancienne sont l'Asie Mineure, la Syrie, la Phénicie, la Palestine, l'Arménie, l'Assyrie, la Mésopotamie, la Babylonie, l'Arabie, la Médie, la Susiane, la Perse, la Parthie, la Bactriane, l'Inde ; nous allons les examiner avec quelque détail.

L'ASIE MINEURE renfermait dans l'antiquité douze divisions principales : trois au N., le long du Pont Euxin : le *Pont*, la *Paphlagonie*, la *Bithynie* ; — trois à l'O., le long de la mer Egée : la *Mysie*, la *Lydie* et la *Carie* ; — trois au S., sur la côte de la mer Intérieure : la *Lycie*, la *Pamphylie* (avec la *Pisidie* et l'*Isaurie*), la *Cilicie* ; — trois dans l'intérieur : la *Phrygie*, la *Galatie* et la *Cappadoce*.

Le **Pont** tirait son nom du Pont Euxin, sur la côte duquel ses principales villes étaient *Trapézus* (Trébizonde), célèbre surtout au moyen âge lorsqu'elle devint la capitale d'un empire grec de même nom ; — *Cerasus* ou *Pharnacia*, qui a donné son nom au cerisier apporté en Europe par Lucullus ; — *Cotyora*, où s'embarquèrent les Dix mille.

La **Paphlagonie** avait pour ville la plus remarquable *Sinope*.

La **Bithynie** avait pour villes maritimes *Chalcédoine*, à l'entrée méridionale du Bosphore de Thrace, en face de Byzance ; — *Nicomédie*, sur la Propontide. — Dans l'intérieur, on trouvait *Nicée* ou *Ancore*, qui fut le siége du premier concile général ; — *Prusa de l'Olympe* (Brousse), qui a été la capitale de la Bithynie pendant quelque temps.

La **Mysie** renfermait l'*Eolide* ou *Eolie*, où des *Eoliens*, sortis de la Grèce, étaient venus s'établir.

Troie, sur le Simoïs, à quelque distance et au S. de l'entrée méridionale de l'Hellespont, fut le siége d'une petite monarchie fort célèbre, et soutint, contre les Grecs qui la détruisirent, un siége illustre par les chants d'Homère. Elle avait deux citadelles, *Ilion* et *Pergame*, par les noms desquelles on a quelquefois désigné la cité entière. — Au N., on remarquait *Cyzique*, à l'extrémité méridionale de l'île de Cyzique ; — à l'O., *Antandros*, port important ; — dans le S., *Pergame*, longtemps la capitale d'un royaume de même nom.

La **Lydie** était, à l'O., peuplée d'*Ioniens* venus de Grèce, et cette partie du pays avait pris le nom d'*Ionie*. — On distinguait, sur la côte, *Phocée*, dont une colonie fonda Massilia, dans la Gaule ; — *Smyrne*, encore importante aujourd'hui, au fond du golfe de même nom, près du ruisseau de Mélès, sur les bords duquel on a prétendu qu'Homère avait reçu le jour ; — *Clazomènes* ; — *Colophon*, une des sept villes qui prétendaient à l'honneur d'avoir vu naître Homère, et célèbre par un temple d'Apollon, ainsi que par la résine qu'on recueillait en quantité dans le voisinage et à laquelle elle a donné son nom (la colophane) ; — *Ephèse*, vers l'embouchure du Caystre, avec un magnifique temple de Diane ; — *Priène*, patrie du philosophe Bias. — Dans l'intérieur, on trouvait *Sardes*, vers le centre du pays, sur le Pactole, ancienne capitale du royaume de Lydie, qui comprenait, du temps de Crésus, la plus grande partie de l'Asie Mineure ; — *Magné-*

sie du Sipyle, au pied du mont Sipyle, connue par la victoire des Romains sur Antiochus le Grand, et par l'aimant ou *magnès* de son voisinage ; — *Philadelphie ;* — *Magnésie du Méandre.*

La **Carie** était, en partie, peuplée par les *Doriens,* venus de la Grèce. Les villes principales de la côte étaient : *Milet,* célèbre par son commerce, ses colonies lointaines ; — *Halicarnasse,* patrie d'Hérodote, et intéressante aussi par le tombeau de Mausole (le *Mausolée*), une des sept merveilles du monde ; — *Cnide* ou *Gnide,* à l'extrémité de la presqu'île de la Doride, avec un temple de Vénus.

La **Lycie** avait, sur la côte, *Patara,* avec un temple d'Apollon.

La **Pamphylie** a longtemps renfermé la Pisidie et l'Isaurie, qui ont formé ensuite des provinces séparées. On y remarquait l'*Eurymédon,* rivière célèbre par deux victoires remportées le même jour par Cimon.

La **Cilicie** était limitée au N. par le mont Taurus et à l'E. par le mont Amanus. On remarquait, à travers le premier, le défilé des *Pyles Ciliciennes ;* entre le second et la mer, les *Pyles Syriennes.* Il y avait sur la côte : *Sélinonte,* où mourut Trajan (d'où lui vint le nom de *Trajanopolis*) ; — *Séleucie Trachée,* capitale de la Cilicie Trachée ou Montagneuse ; — *Issus,* célèbre par une victoire d'Alexandre sur Darius, près du défilé des Pyles Syriennes. — Dans l'intérieur : *Tarse,* grande et florissante ville, capitale de la Cilicie, sur le Cydnus.

La **Phrygie** formait la partie centrale de l'Asie Mineure. Des tremblements de terre, des phénomènes volcaniques, y ont bouleversé une assez grande région, qui avait pris le nom de *Brûlée.* — Parmi les villes, on distinguait : *Apamée-Cibotos,* longtemps capitale de la Phrygie, sur le Méandre ; — *Ipsus,* célèbre par une grande bataille entre les successeurs d'Alexandre.

La **Galatie** ou **Gallo-Grèce** tirait son nom des Gaulois qui vinrent s'y établir dans le IIIe siècle avant J. C. et s'y mêlèrent aux Grecs. On y voyait : *Ancyre* (Angora), — *Gordium,* où Alexandre le Grand trancha le nœud Gordien.

La **Cappadoce** renfermait *Mélitène,* chef-lieu d'une division qu'on appelait *Petite Arménie,* et *Mazaca* ou *Césarée de l'Argée.*

La **Syrie,** appelée *Aram* ou *Hémath* dans l'Écriture sainte, est devenue le N. de la Syrie actuelle. Ses rois ont possédé, après Alexandre, un empire qui s'étendait bien au delà des limites de ce qu'on nommait proprement la Syrie.

On y remarquait les villes suivantes : *Samosate,* sur l'Euphrate. — Le long de l'Oronte : *Apamée,* qui eut ses rois particuliers, et près de laquelle se livra une fameuse bataille entre Aurélien et Zénobie ; — *Antioche,* bâtie par Séleucus Nicator, et capitale de la Syrie sous les Séleucides. — Sur la côte : *Séleucie-Piérie ;* — *Laodicée sur mer.* — Dans la Cœlé-Syrie ou Syrie Creuse, en grande partie entre le Liban et l'Anti-Liban : *Héliopolis* ou *Baal-Hamon* (aujourd'hui Baalbek), connue par un magnifique temple du Soleil ; — *Damas,* à quelque distance à l'E. de l'Anti-Liban, une des cités les plus anciennes de l'Asie, et le siège de l'un des premiers royaumes. — *Palmyre* ou *Tadmor,* plus à l'E., se trouvait dans une petite oasis, fertile surtout en palmiers ; fondée, dit-on, par Salomon, elle devint très-commerçante et s'embellit de nombreux monuments ; elle eut ses souverains particuliers, dont les derniers furent Odénat et son épouse Zénobie.

La PHÉNICIE était une contrée étroite qui s'étendait du N. au S. le long de la mer Intérieure, au pied du mont Liban. Les Phéniciens, essentiellement navigateurs et commerçants, avaient des colonies jusque dans les parties les plus occidentales de l'ancien monde.

On trouvait, sur la côte de la Phénicie, en allant du N. au S. : *Tripolis* (Tripoli), ainsi nommée de ce qu'elle se composait de trois villes ; — *Béryte* (Beyrout) ; — *Sidon* (Saïda), qui fut longtemps la première ville de Phénicie ; — *Sarepta*, avec des vins estimés et des mines de fer ; — *Tyr*, colonie de Sidon, qu'elle surpassa bientôt en puissance et en richesse : elle fut détruite par Nabuchodonosor le Grand, rebâtie sur une petite île voisine, et soutint contre Alexandre un siége mémorable ; — *Aca*, *Aco* ou *Ptolémaïs* (Acre).

La PALESTINE a été appelée aussi pays de *Chanaan*, *Terre Sainte*, *Terre Promise*, *Terre d'Israël*. Le nom de *Palestine* vient des Philistins ou Palestins, qui en occupaient une partie au S. O.

Douze tribus d'Israël se partageaient le reste du pays.

Les tribus de *Ruben* et de *Gad* et une demi-tribu de *Manassé* étaient à l'E. du Jourdain ; — toutes les autres se trouvaient à l'O. : c'étaient, du N. au S., *Aser*, *Nephthali*, *Zabulon*, *Issakhar*, l'autre demi-tribu de *Manassé*, *Ephraïm*, *Dan*, *Siméon*, *Benjamin* et *Juda*.

Pendant les règnes de David et de Salomon, lorsque la nation israélite était à son plus haut point de splendeur, les limites du royaume furent bien reculées, et s'étendirent depuis la frontière d'Egypte et l'extrémité boréale de la mer Rouge jusqu'à l'Euphrate.

Après la mort de Salomon, dix tribus se révoltèrent contre son fils Roboam, et il se forma deux royaumes : celui d'*Israël*, qui se composait des dix tribus révoltées, et celui de *Juda*, qui comprenait les tribus de Juda et de Benjamin.

A l'époque des événements que décrit l'Evangile, la Palestine était soumise aux Romains et divisée en six parties . 1° à l'O. du Jourdain : la *Judée*, la *Samarie*, la *Galilée* (qui se divisait en deux parties : la *Galilée supérieure* ou des *Gentils*, au N., et la *Galilée inférieure*, au S.) ; — 2° à l'E. du Jourdain : la *Pérée*, la *Décapole* et la *Gaulanitide*, dont l'ensemble était désigné sous le nom de *Galaad*.

Villes principales de la **Judée** (tribus de Benjamin, Juda, Dan, Siméon, et pays des Philistins) : — *Jérusalem*, *Hierosolyma* ou *Solima*, dans le S. de la tribu de Benjamin, vers la frontière de celle de Juda, était la capitale de la Judée ; elle fut aussi celle du royaume de Juda et de toute la monarchie des Hébreux à l'époque de sa plus grande splendeur ; — *Béthanie*, près et à l'E. de Jérusalem, est fameuse par la résidence de Marie et de Marthe, par la résurrection de Lazare et par l'ascension du Sauveur ; — *Jéricho*, à l'E., était célèbre par ses palmiers et par le siége qu'elle soutint contre Josué ; — *Bethléhem* ou *Bethléem*, au S. de Jérusalem, est remarquable par la naissance de Jésus-Christ ; — *Hébron* est intéressante dans l'histoire des patriarches et dans celle de David.

Azoth ou *Asdod*, près de la mer Intérieure, est connue par le temple de Dagon, et par le long siége qu'en fit Psammétique, roi d'Égypte ; — *Ascalon* vit naître Hérode ; — *Gaza*, au S., était la première ville des Philistins ; — *Césarée de Palestine*, sur la mer Intérieure, a été la résidence des gouverneurs romains de la Palestine.

Villes de la **Samarie** (demi-tribu occidentale de Manassé et tribu d'Ephraïm) : — *Samarie*, plus tard *Sébaste*, fut la capitale du royaume d'Israël et de la Samarie ; — *Sichem* ou *Néapolis* fut la première capitale de ce royaume ; — *Joppé* ou *Japha* (Jaffa) était un port de mer.

Villes de la **Galilée** (tribus de Nephthali, Zabulon, Issakhar, Aser). — *Capharnaüm*, intéressante par le séjour de Jésus-Christ, était près de la rive N. O. de la mer de Galilée. — *Tibériade* ou *Tibérias*, sur le bord occidental du lac de ce nom, fut la capitale de la Galilée ; — *Magdala*, sur le même lac, était la patrie de sainte Marie Madeleine (Magdalena) ; — *Béthulie* a été illustrée par le courage de Judith ; — *Nazareth* fut la résidence de Jésus-Christ, ainsi que *Cana*, qui était un peu au N. de cette ville.

Région à l'E. du Jourdain, c'est-à-dire la **Pérée**, la **Décapole** et la **Gaulanitide** (avec le pays de *Basan* ou de *Batanée*, qui fut joint quelque temps à la Palestine). Ces pays correspondaient aux tribus de Ruben et de Gad et à la demi-tribu orientale de Manassé. — On y voyait *Hesbon*, qui fut une des principales cités des Amorrhéens ; — *Gérasa*, qui a laissé des ruines magnifiques.

L'ARMÉNIE a été l'une des plus anciennes monarchies, et ses souverains ont longtemps possédé plusieurs pays voisins. Outre les Arméniens proprement dits, on trouvait dans l'Arménie, vers le S. E., les *Carduques* ou *Gordyènes*, qui habitaient au milieu de montagnes escarpées et qui opposèrent aux Dix mille des obstacles nombreux.— Villes principales : *Artaxata*, longtemps capitale de l'Arménie ;— *Armauria* ou *Armavir*, qui a été pendant dix-huit siècles la résidence des souverains arméniens ; — *Naxuana*, qui fut, dit-on, la première ville bâtie après le déluge ; — *Sémiramocerta*, sur le lac Arsissa (lac de Van) ; — *Tigranocerta*, fondée par Tigrane le Grand.

L'ASSYRIE, aujourd'hui à peu près la province turque de Kurdistan, fut longtemps gouvernée par de puissants monarques, qui avaient étendu leur domination sur plusieurs des contrées voisines. Villes principales : *Ninive*, *Ninuo* ou *Ninos* (en latin *Ninus*), vaste capitale de l'Assyrie, sur le Tigre ; — *Arbèles* (Erbil), qui a donné son nom à la bataille mémorable livrée près de là, à *Gaugamèla*.

La MÉSOPOTAMIE, que les Orientaux nommaient *Aram Naharaïm* (la Syrie des fleuves), renfermait : *Cunaxa*, vers la frontière de la Babylonie, fameuse par la bataille après laquelle eut lieu la retraite des Dix Mille ; — *Nisibe* ou *Nisibis*, prise par Trajan sur les Parthes ; — *Carra* ou *Harran*, qui fut le séjour d'Abraham, et où Crassus fut vaincu par les Parthes.

La BABYLONIE, à laquelle répond à peu près l'Irâc-Arabi, a été aussi appelée *Sinear* ou *Sennaar* ; elle renfermait au S. la *Chaldée*, dont plusieurs familles, fixées à la cour de Babylone, présidèrent les assemblées de religion et s'acquirent un grand crédit par leur savoir en astronomie.

Sur les bords de l'Euphrate, était *Babylone*, capitale de la contrée : elle fut bâtie par Nemrod à l'endroit où l'on avait élevé la tour de Babel ; — *Séleucie*, érigée par Séleucus Nicator pour ruiner Babylone ; — *Ctésiphon*, sur la rive gauche de ce fleuve, presque en face de Séleucie, bâtie par les Parthes, qui en firent leur capitale.

L'ARABIE était divisée par les anciens géographes en *Arabie Pétrée*, *Arabie déserte* et *Arabie Heureuse*. Parmi les peuples de cette contrée, on distinguait : 1° dans l'Arabie Pétrée, les *Madianites*, les *Ismaélites*, les *Amalécites*, les *Iduméens* ou *Edomites*, les *Moabites*, les *Ammonites*, les *Nabathéens* ; — 2° dans l'Arabie Heureuse, les *Sabéens*, qui adoraient les astres et chez lesquels régna, dit-on, la reine de Saba, dont il est question dans l'histoire de Salomon ; les *Homérites* (*Himiarites*), les *Adramites*, les *Omanites* ; — 3° dans l'Arabie Déserte, les *Saracènes* ou *Agarrasins*.

L'Arabie Pétrée fut soumise par les Romains ; elle renfermait plusieurs villes importantes, telles que *Bostra* ou *Bazra*, qui fut la métropole de l'*Arabie Consulaire*, sous Septime Sévère ; — *Philadelphie* ou *Rabbath-Ammon*, qui fut la capitale des Ammonites ; — *Petra*, qui avait fait donner le surnom de Pétrée à la partie de l'Arabie où elle se trouvait. — Dans le reste de la péninsule, on remarquait : *Iatrippa* (Médine), *Macaraba* (la Mecque), *Moskha* (Mascate).

La MÉDIE avait pour capitale *Ecbatane* (Hamadan). — L'*Atropatène*, une de ses provinces, renfermait l'importante forteresse de *Proaspa*. — On remarquait au N. E. *Rhagès*, ville très-ancienne.

La SUSIANE, le Khouzistan actuel, avait pour capitale *Suse*, qui fut une des quatre capitales de l'empire des Perses.

La PERSE ou PERSIS, appelée dans les Écritures *Paras* ou *Elam*, est aujourd'hui le Fars ou Farsistan et une partie de l'Irâc-Adjémi, dans le S. du royaume actuel de Perse. L'ancien empire auquel elle donna son nom acquit, par les conquêtes de Cyrus et de plusieurs de ses successeurs (particulièrement Darius), une immense étendue : outre la Perse dont il est ici question, il comprenait la Médie, la Susiane, la Babylonie, l'Assyrie, l'Arménie, l'Asie Mineure, etc.

La Perse se divisait en deux parties principales : la *Perse propre*, au S., et la *Parétacène*, au N. On remarquait, dans la première, *Persépolis*, la capitale. — Dans la Parétacène, on voyait *Aspadana* (Ispahan), à l'O., et *Ecbatane des Mages*, au N. E.

La PARTHIE ou PARTHYÈNE était à l'E. de l'Hyrcanie, dans laquelle elle a d'abord été comprise. Les Parthes, d'origine scythe, sortirent de leur obscurité dans le IIIe siècle avant J. C. ; Arsace, leur chef, jeta les fondements d'un empire puissant, qui s'étendit jusqu'à l'Euphrate, à l'O., et jusqu'à la mer Erythrée, au S.

La Parthie renfermait, au N. E., la *Margiane*. — *Hécatompyle* était la capitale de la Parthie et la résidence des Arsacides. — *Alexandrie de Margiane*, plus tard *Antioche sur le Margus*, fut fondée par Alexandre et embellie par Antiochus Soter.

La BACTRIANE avait pour capitale *Bactres* (aujourd'hui Balkh), qui était une des plus considérables et des plus anciennes villes de l'Asie. Ce pays devint, après la mort d'Alexandre, un royaume grec important.

L'Inde était divisée en deux parties : l'*Inde en deçà du Gange* (aujourd'hui l'Hindoustan), et l'*Inde au delà du Gange* (aujourd'hui Indo-Chine).

La première était la plus connue. On y distinguait l'*Inde Citérieure*, à la droite de l'Indus ; l'*Indo-Scythie*, le long de la rive orientale du même fleuve ; la *Prasiaque*, vers la partie moyenne du cours du Gange ; la *Patalène*, aux bouches de l'Indus ; le *Dakhinabadès*, qui a laissé son nom au Dekkan moderne ; le pays de *Pandion*, vers l'extrémité méridionale de l'Inde.

Le long de l'Indus habitaient les *Assacènes*, les *Malles*, les *Oxydraques*, les *Sogdes*, les *Musicanes*. On y voyait *Taxila* (Attok), où Alexandre passa l'Indus ; — *Patala*, à l'endroit où ce fleuve se sépare en deux branches principales pour former son delta, et d'où partit Néarque, avec la flotte d'Alexandre.

On rencontrait, sur l'Hydaspes, affluent de l'Indus, *Nicée*, qu'Alexandre fit bâtir en mémoire de sa victoire sur Porus ; — et *Bucéphala*, fondée par le même conquérant et ainsi nommée en l'honneur de son cheval Bucéphale. — Sur l'Hydraotes, autre tributaire de l'Indus, était *Lahore* (qui a conservé son nom), capitale du royaume de Porus. — Sur le Gange, était *Palibothra*, grande ville, capitale d'un empire fondé par Sandrokhotos, un peu après Alexandre.

AFRIQUE.

Géographie physique. — L'Afrique, plus souvent désignée par les anciens sous le nom de *Libye*, n'était connue que dans sa partie septentrionale. On savait que l'océan Atlantique la bordait à l'O., et l'océan Indien à l'E., en formant le golfe Arabique, entre la côte africaine et celle d'Arabie. La mer Intérieure et le détroit de Gadès ou d'Hercule se trouvaient au N., entre l'Afrique et l'Europe. On a prétendu que les Phéniciens envoyés par Nekhao avaient doublé la pointe méridionale de l'Afrique ; mais les anciens n'ont laissé aucune description de cette partie.

Le grand enfoncement de la côte N. de l'Afrique portait, dans sa partie orientale, le nom de *Grande Syrte* (golfe de la Sidre), et, dans sa partie occidentale, celui de *Petite Syrte* (golfe de Gabès).

Sur la côte occidentale, on citait le golfe *Éthiopique*, qui est probablement le golfe de Guinée.

Les principaux caps étaient, au N., le promontoire *Hermæum* (cap Bon) ; à l'E., le promontoire *Aromata* (Guardafui), et, au S. E., le promontoire *Prasum* (peut-être le cap Delgado), regardé comme le point extrême des connaissances des Grecs et des Romains sur la côte orientale d'Afrique.

Nous avons conservé le nom ancien de la principale chaîne de montagnes du nord de l'Afrique : le mont *Atlas*.

Le *Nil*, sur le cours inférieur duquel s'est élevée une civilisation célèbre, était le plus grand fleuve connu des anciens géographes.

Le *Niger* ou *Nigir* des anciens n'est probablement pas le même fleuve que nous nommons ainsi aujourd'hui, mais peut-être un des fleuves qui descendent du versant méridional de l'Atlas et se perdent dans les lacs ou les sables du désert.

Le *Gir* ou *Ger* était aussi, sans doute, un des fleuves du versant méridional de l'Atlas.

Contrées de l'Afrique. — Les principales contrées de l'ancienne Afrique étaient : vers le Nil et la mer Rouge, l'*Egypte*, l'*Ethiopie au-dessus de l'Egypte* ; — le long de la mer Intérieure, la *Libye maritime*, l'*Afrique propre*, la *Numidie*, la *Mauritanie* ; — dans l'intérieur, les pays très-peu connus désignés sous les noms de *Libye intérieure* et d'*Ethiopie intérieure*.

La plus importante de ces contrées, dans l'histoire ancienne, est l'EGYPTE, nommée dans l'Ecriture sainte *Mesor* ou *Mizraïm*.

On remarquait, dans la Basse-Egypte, le long de la côte de la Méditerranée : *Péluse*, place forte, à l'embouchure de la branche Pélusiaque, la plus orientale des branches du Nil ; patrie du géographe Ptolémée ; — *Tamiathis* (Damiette), à l'embouchure de la branche Phatnitique ; — *Bolbitine* (Rosette), à l'embouchure de la branche Bolbitique ; — *Canope* (Aboukir), vers la bouche Canopique ; — *Alexandrie*, qui a conservé son nom.

En s'éloignant de la Méditerranée, on trouvait *Héroopolis* ou *Pithom*, sur le canal de Ptolémée, qui se rendait au golfe d'Héroopolis (golfe de Suez) ; — *Tanis*, sur la branche Tanitique : — *Héliopolis* ou *On*, et *Babylone* (dont les ruines sont à côté du Caire).

La Moyenne-Egypte, qu'on a aussi nommée *Heptanomide*, parce qu'elle était partagée en sept *nomes* ou gouvernements, renfermait, sur la droite du Nil, *Antinoé*, dont on admire aujourd'hui les ruines ; et sur la rive gauche, ou près de cette rive, *Memphis*, l'une des villes les plus anciennes de l'Egypte ; — *Arsinoé* ou *Crocodilopolis*, au S. E. du lac Mœris ; — la *Grande Hermopolis*, qui a laissé de belles ruines.

On remarquait encore, dans la Moyenne-Egypte, près du lac Mœris, le magnifique Labyrinthe, composé, suivant Hérodote, de trois mille chambres.

La Haute-Egypte ou Thébaïde comprenait : *Thèbes aux cent portes*, la *Grande Diospolis* ou *No-Ammon*, sur les deux rives du Nil, fondée, dit-on, par Osiris, et qui fut le siége d'une des plus anciennes monarchies de l'Egypte.

Sur la droite du Nil, on rencontrait : *Abydos*, avec un magnifique temple d'Osiris ; — *Coptos* (Keft) ; — *Syène* (Açouan), près de la cataracte du Nil, et vers l'île d'Eléphantine, où étaient de beaux monuments.

Sur la rive gauche du Nil, on trouvait : *Lycopolis* (Syout) ; — *Tentyra* (Denderah) ; — la *Grande Apollinopolis* (Edfou).

La côte de la Haute-Egypte était, en grande partie, habitée par les Ichthyophages. On y remarquait deux ports : *Myos-Hormos* ; — *Bérénice*, sur le golfe Immonde.

La LIBYE MARITIME ou EXTÉRIEURE se divisait en deux parties : la *Cyrénaïque*, à l'O., et la *Marmarique*, à l'E.

La première se nommait encore *Libye Pentapole*, parce qu'elle avait cinq villes, dont la principale était *Cyrène*, colonie grecque, longtemps capitale d'un Etat puissant.

L'AFRIQUE PROPRE OU CARTHAGINOISE, qui formait les possessions des Carthaginois ou *Pœni* en Afrique, s'étendait du S. E. au N. O., le long de la mer Intérieure, depuis le fond de la Grande Syrte jusqu'à l'embouchure de la Tusca. Le royaume de Tunis et le Tripoli proprement dit répondent à cette contrée.

La ville principale était *Carthage* ou *Karkhédon*, et, plus exactement, *Cartha-Hadath*, colonie de Tyr, sur une presqu'île avancée dans le golfe de Carthage, et dans un territoire très-fertile ; elle devint florissante par son commerce, et couvrit de ses colons la plupart des grandes îles de la mer Intérieure et des côtes de l'Hispanie ; longtemps rivale de Rome, elle fut enfin anéantie par elle après les trois sanglantes guerres puniques. — On voyait encore sur la côte : *Tunes* (Tunis) ; — *Utique*, un peu au N de l'embouchure du Bagradas, et où le second Caton se donna la mort ; — *Hippone-Zaryte* (Bizerte), la ville la plus septentrionale de l'Afrique propre ; — *Thapsus*, mémorable par la victoire que remporta César sur l'armée de Scipion, de Caton et de Juba. — Dans l'intérieur, on remarquait *Zama*, à quelque distance au S. de Bagradas ; célèbre par la bataille qui termina la deuxième guerre punique et par la résidence du roi Juba.

On appela d'abord NUMIDIE toute la longue région qui s'étendait le long de la mer Intérieure depuis la Tusca (Ouad-el-Berher) jusqu'à la *Malva* (Malouïa) ; les Romains comprirent ensuite dans la Mauritanie la partie occidentale de la Numidie et la donnèrent au fils de Juba. Le reste fut réduit en province romaine et conserva le nom de Numidie.

La ville principale de la côte était *Hippone-Royal* (Bône). Dans l'intérieur, se trouvait *Cirta* (plus tard *Constantine*), où résidèrent Syphax, Massinissa et Micipsa.

La MAURITANIE ou MAURÉTANIE, que représentent aujourd'hui l'O. de l'Algérie et la plus grande partie de l'empire de Maroc, s'étendait de l'E. à l'O. depuis l'Ampsaga jusqu'à l'océan Atlantique.

La Mauritanie se divisait, sous les Romains, en *Mauritanie Césarienne* (formée de la partie occidentale de la Numidie), à l'E., sur la mer Intérieure, et *Mauritanie Tingitane* ou *Transfrétane*, à l'O., à la fois sur la mer Intérieure et sur l'Atlantique.

Les villes principales de la côte de la Mauritanie Césarienne étaient : *Icosium*, vers l'emplacement de la ville actuelle d'Alger ; — *Iol*, appelée ensuite *Césarée (Julia Cæsarea)* (aujourd'hui Cherchel), capitale de la Mauritanie Césarienne. — Dans l'intérieur de la province, on remarquait *Sitifis* (Sétif), située près de la frontière de la Numidie, et dont le territoire prit le nom de *Mauritanie Sitifienne*.

La Mauritanie Tingitane tirait son surnom de sa capitale *Tingis* (Tanger), appelée aussi *Césarée*, et située sur le détroit de Gadès. — Au N. E. de cette ville se trouvait *Abyla* ou *Septa* (Ceuta), sur le détroit d'Hercule, en face de Calpe (Gibraltar).

ERRATA

Page 5, ligne 11, à 20° 20′ *lisez* à 2° 20′
— 00. — 00, Duvergier *lisez* Duveyrier
— 28, — 28, *Bab-et-Mandeb* lisez *Bab-el-Mandeb*.

PARIS. — IMPRIMERIE DE E. MARTINET. RUE MIGNON, 2